入門 東南アジア近現代史

岩崎育夫

講談社現代新書

2410

はじめに

巨大経済共同体の誕生と日本

二〇一五年一二月三一日にＡＳＥＡＮ経済共同体（ＡＥＣ）が発足した。東南アジア諸国がさらなる経済発展のために地域統合を進めて、東南アジアを単一の市場と生産基地にすることなどをめざしたのがＡＳＥＡＮ経済共同体である。計画が順調に進めば、約六億四〇〇〇万人の巨大経済圏が出現することになる。この東南アジア諸国の地域協調の動きは、東アジアが、分断国家などを原因に対立して地域諸国の協調がまったくみられないこと、南アジアも、民族や宗教の違いなどを原因に地域諸国の協調が進んでいないことと対照的である。

一九七〇年代以降、援助、貿易、投資など東南アジア諸国と経済分野でもっとも密接に関わるアジアの国は日本だった。貿易は、二〇一四年の日本の輸出、六九四二億七〇〇〇万ドルのうち、東南アジア（タイ、シンガポール、マレーシア、インドネシア、フィリピン、ベトナムの六ヵ国の数字）は一〇五二億四〇〇〇万ドル（一五・二％）を、輸入も八一七一億三〇〇〇万ドルのうち、一一六四億九九〇〇万ドル（一四・三％）を占めている。そして、二〇一四年の統計では、企業駐在員やその家族など海外在留日本人も、タイの六万四〇〇〇人を筆頭に、シンガポールが三万六〇〇〇人、マレーシアが二万二〇〇〇人、フィリピンが一万九〇〇〇人、インドネシアが一万八〇〇〇人と、東南アジアは多い。これは、第一位アメリカの四一万四〇〇〇人、第二位中国の一三万四〇〇〇人にはおよばないが、東南アジア全体では中国よりも多いし、アメリカの半分ほどに迫る人数である。このことは、日本にとって東南アジアが、経済的にも人の交流でも世界各地のなかで重要な地域であることを語っている。

ただ、近年は、二〇一〇年に日本を抜いて世界第二位の国内総生産（GDP）国になった中国が（二〇一四年は一〇兆四三〇六億ドル、日本は四兆六〇二四億ドル）、援助でも貿易でも投資でも、そして人の交流でも、日本に代わって東南アジア諸国ときわめて密接な関係にあり、アジアの経済構図が変わりつつある。

政治分野でも、二〇一六年六月末にフィリピンで、ロドリゴ・ドゥテルテ新大統領が誕生した。犯罪を抑制して秩序を確立するという国民の期待を受けて登場した同大統領は、歯に衣着せない大胆な発言と、他国の意向にとらわれない政策を売り物にしているので、フィリピン政治を一変させる可能性がある。また、同年一〇月にタイで、これまで七〇年間、国民の敬愛を一身に受けてきたプミポン国王が死去した。同国王は国家の「重石」として、現在、対立が続くタイ政治の唯一の調停者の役割を果たしていたことから、調停者を失ったタイが今後どうなるか、見通しが難しくなった。両国の動向が東南アジアやアジアに、大きな影響を及ぼす可能性を否定できない。

こうしたことは、現在のアジアの動きを知るには、東南アジアをみる必要があることを語っているが、そもそも、東南アジアはどのような地域なのだろうか。地理的に言えば、ユーラシア大陸の東南部に位置する、ベトナム、ラオス、カンボジア、タイ、ミャンマー、フィリピン、インドネシア、ブルネイ、東ティモール、シンガポール、マレーシアの一一ヵ国からなる、東アジアと南アジアなどとともにアジアを構成する地域の一つである。

「多様性の中の統一」

本書は、ヨーロッパの植民地になった時から現代までの時期を対象に、東南アジア諸国の政治や経済や社会や国際関係の動きに焦点をあてて、アジアや世界のなかで東南アジアはどのような特徴を持った地域なのか、これからどこに向かおうとしているのかを考察したものである。

ただ、多くの日本人にとり、東アジアは「中国世界（漢字と儒教）」、南アジアは「インド世界（ヒンドゥー教）」とすぐさまイメージが浮かぶが、東南アジアについては、なかなかイメージが浮かばないにちがいない。あえて言えば、歴史文化・人口大国の中国とインドに挟まれた、中規模国と小国が集まった地域、民族や宗教が多様な地域、東南アジア諸国連合（ASEAN）が創られるまでは、地域諸国のまとまりに欠ける地域、というのが東南アジアのイメージかもしれない。

たしかに、歴史文化をみると、仏教の国、イスラームの国、キリスト教の国と多様であり、東アジアや南アジアのように、地域諸国を一つの宗教でくくることはできない。国の自然地形も、広大な海域に浮かぶ島々からなるインドネシアとフィリピン、東京二三区とさほど違わない島国都市国家シンガポール、奥深い山岳国ラオス、などまったく違う。人口も、約二億六〇〇〇万人の大国インドネシアから、約四三万人の小国ブルネイまで大きな開きがある。これまでの歴史も、東南アジア諸国がそれぞれ独自の民族文化を持っているとはいえ、古代にはインドと中国、近代には中東とヨーロッパの影響を強く受け、それが現在も色濃く残るなど、外部世界の強い影響を受けた地域、アジアのなかで中国世界とインド世界のはざまで埋没している地域であることは否めない。

しかし、ASEAN経済共同体が語るように、これまで東南アジア諸国が固有の民族文化を維持しながら、政治的自立と経済的生存・発展を追い求めてきたことも事実である。

「多様性の中の統一」(ビンネカ・トゥンガル・イカ) という言葉がある。一三世紀末〜一六世紀初めにかけてインドネシアのジャワ島に興ったヒンドゥー教国家マジャパヒト国の古代ジャワ語である。マジャパヒト国は最盛期にはほぼ現代インドネシアとマレーシアからなる地域の多様な民族、言語、地域を支配下に入れて、インドネシア史上で最大の領土を誇った。この「多様性の中の統一」は、一九四五年にインドネシア共和国が誕生すると国是となった。この文字は、インド神話のなかに登場する神の鳥で、インドネシアの国章でもあるガルーダが翼を広げた足元に刻まれている。その意味は、マジャパヒト国と同様に、インドネシアが民族、宗教、地理などの点で多様な国であることを認めたうえで、それを前提にして、国民の一体性を追求したものである。この多様性と統一は、東南アジアにも当てはまる。

まず、多様性だが、一一ヵ国の国土面積や人口や宗教がそれぞれに違うことはいまみた。現在の政治体制も、民主主義の国、社会主義の国、軍政の国、一党支配の国、中世のような絶対王政の国など、さまざまである。経済活動もつい最近まで、コメの国、ゴムやスズなど一次産品の国、中東のような産油国、貿易の国と多様である。また、近代に東南アジア諸国は植民地化されたが、植民地宗主国は、ポルトガル、スペイン、オランダ、イギリス、フランス、アメリカと多様だし、第二次世界大戦では日本に占領された経験を持っている。一つの政治体制、経済活動、特定の外国との関係で東南アジアを語ることはできないのである。

これに対し、統一（協調）は、一九六七年に地域機構のASEANを創設して、東南アジア諸国が協調を追求していることがその典型である。現在、加盟国は発足時の五ヵ国から一〇ヵ国に拡大し（東ティモールはオブザーバー参加）、二〇一五年末にはASEAN経済共同体を発足させて、さらなる連携を確認した。一一ヵ国が協調を追求するのは、中規模国や小国からなる東南アジアが、中国やインドや日本などアジアの大国に伍《ご》していくために、地域諸国の違いを超えて結束することがたいせつだという考えに基づくものである（インドネシアは東南アジアでは大国だが、アジアや世界のなかではそうではない）。そこでの原則は、加盟国の民族文化や政治や経済が多様でそれぞれに違うことを認め合い、それを前提にして、アジアや世界で生き残るために協調するというものである。現在、東アジアと南アジアが地域諸国のまとまりに欠けるなかで、東南アジアはアジアの地域協調の動きをリードしている。

この多様性と統一（協調）というアンビバレントな二面性は、東南アジアの近現代史にも当てはまる。一方では、地域諸国がそれぞれ固有の民族文化を維持して、現代にもそれが色濃く残りながらも、他方では、近代以降、ヨーロッパによる植民地化、第二次世界大戦時における日本の占領、一九四五年以降の独立と政治社会の混乱、開発独裁と民主化、経済開発と発展、ASEANによる協調、とほぼ同じような政治・経済の道を歩んできたからである。筆者は、現代東南アジアを理解するには、ヨーロッパの植民地化からはじめる必要があると考えるが、その理由は、現代東南アジアの政治や経済などの特徴や問題の多くは、植民地時代に起因するものが少なくないからである。

本書は、このような理解に立って近代以降の東南アジアをみていく。時期区分とそれぞれの時代のキーワードはつぎのようになる。序章では、東南アジアの原型ともいえる「土着国家」の姿を扱う。第一章では、一六世紀にはじまり一九世紀末に完成した「ヨーロッパの植民地化」とそれにともなう「東南アジアの変容」を、第二章では、二〇世紀前半期の「日本の東南アジア占領統治」を解説する。第三章では、第二次世界大戦後の時期で、一九四五〜六四年の「独立」と「混乱」を、第四章では、一九六〇年代後半〜九〇年代の「開発主義国家」と一九九〇年前後の「民主化」を、そして第五章では、一九六〇年代後半にはじまり現在も続いている「経済開発と発展」の問題を取り上げたい。第六章では、一九六〇年代後半から現在に至る「地域機構ASEAN」、そして、終章が「東南アジアとは何か」である。

本論に入る前に、近年は東南アジアとASEANがほぼ同義語にもなっているので、二つの用語の違いについて説明しておこう。東南アジアの呼称は、第二次世界大戦中の一九四三年に連合国軍がスリランカのコロンボに「東南アジア総司令部」を置いたことから、それ以降広く使われるようになったもので、外部世界がつけた地理的要素が強い「他称」である。これに対して、一九六七年に東南アジアの五ヵ国が創ったＡＳＥＡＮは、自ら創った「自称」といえる。

本書を読み終えた後で、東南アジアがどのような特徴や課題を持った地域なのか、これからどうなろうとしているのか、一つのイメージを持ってもらえたならば幸いである。

目次

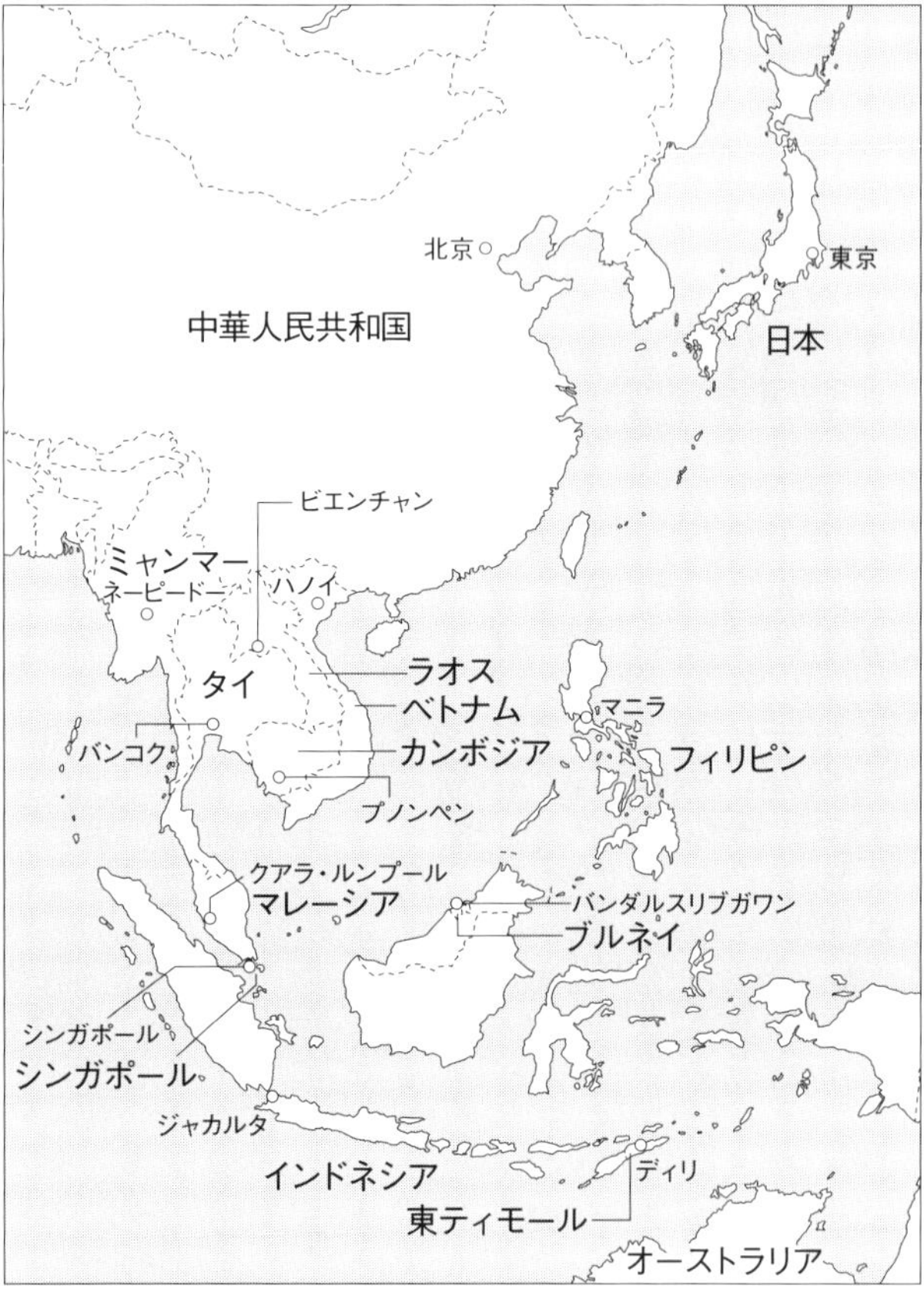
北京
東京
中華人民共和国
日本
ビエンチャン
ミャンマー
ネーピードー
ハノイ
タイ
ラオス
ベトナム
マニラ
バンコク
カンボジア
フィリピン
プノンペン
クアラ・ルンプール
マレーシア
バンダルスリブガワン
ブルネイ
シンガポール
シンガポール
ジャカルタ
インドネシア
ディリ
東ティモール
オーストラリア

本書関係地図

序章　東南アジアの土着国家

本章では最初に、土着国家を中心にした東南アジアの原型をみておく。具体的には、国土面積と人口、民族と言語、宗教文化、それにヨーロッパに植民地化される前の土着国家の姿と特徴がどのようなものか、簡単にみる。

1　東南アジアの原型

メコン川、山岳地帯、熱帯ジャングル――多様な自然風景

読者は東南アジアと聞いて、どのような自然風景をイメージするだろうか。東南アジア最大の河川で、ミャンマー、ラオス、タイ、カンボジア、ベトナムをゆったりと流れる全長四四二五キロメートルのメコン川、あるいは一大稲作地帯のハノイ、ホー・チミン、バンコク、ヤンゴン付近の広大なデルタ地帯だろうか。それともタイ北部やミャンマー北東部やラオスの、独特な民族衣装を着た少数民族が住む山岳地帯だろうか。読者のなかにはジャワ島のヤシの木に囲まれた緑豊かな田園地帯や隣のバリ島、それにルソン島北部の天まで届くような棚田を思い浮かべる人もいるかもしれない。一方で、ボルネオ島の熱帯ジャングルや同じボルネオ島の北東部に聳《そび》え立つ東南アジアの最高峰で、富士山よりも高い

四〇九五メートルのキナバル山を思い浮かべる読者もいるだろう。他にもスマトラ島のマングローブの湿地帯や、あるいは南シナ海やジャワ海の抜けるような青い海をイメージする人もいるに違いない。

筆者の個人的体験を言えば、東南アジアと聞くと、インドネシアの古都ジョグジャカルタ近郊の、高く聳えるムラピ山の麓に広がる農村風景を想い起こす。

いま挙げたすべてが東南アジアを構成する自然風景であり、このうちの一つで東南アジアを代表させることはできない。中東が砂漠の乾燥地帯、西ヨーロッパがなだらかに広がる緑の農地、アメリカが広大な大平原と、一つのイメージで語ることができるのに対して、東南アジアの自然風景は多様なのである。

大小さまざまの面積と人口

東南アジアには一一の国があり、それぞれの国の自然風景が違うなかで、地理的に大陸部と島嶼《とうしよ》部の二つの地域に区分するのが一般的である。大陸部は、ユーラシア大陸東南部に位置する、中国とインドに挟まれた地域で、ベトナム、カンボジア、ラオス、タイ、ミャンマーの五ヵ国、そして、島嶼部は、大陸部から少し離れた、太平洋、南シナ海、インド洋に囲まれた大小さまざまの島などからなる地域で、フィリピン、インドネシア、ブルネイ、東ティモール、シンガポール、マレーシアの六ヵ国である。全部で一一ヵ国になる。

表1は、一一ヵ国の国土面積（二〇一四年）と人口（二〇一六年）のランクである。国土面積は、最大のインドネシアの一九一万平方キロメートルに対し、最小のシンガポールは七〇〇平方キロメートルで、インドネシアの二七二九分の一しかなく、国というよりも点に近い（日本は三八万平方キロメートル）。人口も、最大のインドネシアの二億六〇五八万人に対して、最小のブルネイは四三万人なので、その六〇六分の一と、インドネシアの一つの市ほどの人口しかない（日本は一億二六三二万人）。

地域諸国の国土面積と人口に大きな開きがあるのは、アジアでは南アジアの七ヵ国も同様だが、なぜ、こんなにも大きな違いがあるのだろうか。その理由として、二つが挙げられる。

一つは、自然地理要因である。これからみるように、東南アジア各地で土着国家が登場したさいに、土壌が豊かな熱帯モンスーンのデルタ地帯に創られた国は人口が多く（ベトナムなど）、険しい山岳地帯（ラオスなど）や狭い海岸地帯（ブルネイなど）に創られた国は人口が少なかった。これが現代にも続いている。

もう一つは、ヨーロッパによる植民地国家の作り方である。土着国家時代には東南アジア各地に大小さまざまな国があったが、第一章でみるように、ヨーロッパ諸国は土着国家

表1　東南アジア11ヵ国の国土面積と人口

	国土面積（2014年）		人口（2016年）	
	国名	平方キロメートル	国名	人
1	インドネシア	191万	インドネシア	2億6058万
2	ミャンマー	68万	フィリピン	1億225万
3	タイ	51万	ベトナム	9444万
4	ベトナム	33万1000	タイ	6815万
5	マレーシア	33万	ミャンマー	5436万
6	フィリピン	30万	マレーシア	3075万
7	ラオス	24万	カンボジア	1583万
8	カンボジア	18万	ラオス	692万
9	東ティモール	1万5000	シンガポール	570万
10	ブルネイ	5800	東ティモール	121万
11	シンガポール	700	ブルネイ	43万

（出所）『世界国勢図会 2016/17』

の領域とは無関係にそれぞれの植民地の領域を設定した。隣接する、デルタ地帯の人口が多い国と山岳地帯の人口が少ない国を併せて一つの植民地国家にした（例えば、インドネシアやミャンマー）。そして、第二次世界大戦後に東南アジア諸国が独立すると、ほとんどの国がこの植民地国家の領域を独立国家の領域にしたので、国土面積が広く人口が多い国になったが、この原理からはずれた国は小国のまま残ったのである（ブルネイやラオスなど）。

ただ、インドネシアが国土面積（東南アジア全体の約四二％）と人口（約四一％）ともに第一位なので、この点からすると、東アジアの中国、南アジアのインドがそうであるように、インドネシアが東南アジアの大国と思うかもしれない。たしかに国土面積と人口の点ではそのとおりだが、しかし、これまでの歴史においてインドネシアが中国やインドのように地域大国としてふるまい、東南アジアの土着国家史を主導してきたわけではない。

その理由は、つぎの点にある。ブルネイは土着国家時代には、ボルネオ島北部の小さな領域の小国だっただけでなく、植民地からの独立にさいしても、他の国が、植民地国家の広大な領域を単位に誕生したなかで、例外的に、土着国家時代の領域そのままに現代国家となった国である。もし、この「ブルネイ方式」をインドネシアにあてはめると、インドネシアには約二五〇の民族がいるとされているので、植民地からの独立のさいに一〇〇を超える国になったとしても不思議ではない（事実、第三章でみるように、オランダはインドネシアを一六の国に分割した）。これが語るように、広大な海域に浮かぶ島々からなるインドネシアは、土着国家時代には一つにまとまることが難しかったこと、東南アジアの最南端に位置して他の国と隔たっていること、などの地理要因があったのである。

他方、見方を変えて、現代世界における国民一人一人の豊かさを示す指標である一人当たり国民所得になると、様子が違ってくる。インドネシアやフィリピンやベトナムやミャンマーなど、国土面積が広く人口が多い国はさほど高くなく、むしろ、シンガポールやブルネイやマレーシアなど、小国や中規模国が豊かだからである。その実態と、なぜそうなのか、その要因については、第四章と第五章でみることにする。

表2　東南アジア11ヵ国の民族構成と国語

国名	多数民族（%）	主な少数民族	国語
ベトナム	キン人　(85.7%)	華人　タイ人	ベトナム語
ラオス	低地ラオ人（67%）	丘陵地ラオ人	ラオス語
カンボジア	クメール人（85%）	華人　ベトナム人	カンボジア語
タイ	タイ人　(98%)	華人	タイ語
ミャンマー	ビルマ人　(68%)	シャン人　カレン人	ビルマ語
フィリピン	タガログ人(28.1%)	セブアノ人　イロカノ人	フィリピノ語
インドネシア	ジャワ人（41.6%）	スンダ人　マドゥラ人	インドネシア語
ブルネイ	マレー人（65.7%）	華人　イバン人	マレー語
東ティモール	テトゥン人	マレー人　華人	テトゥン語
シンガポール	華人　(74.1%)	マレー人　インド人	マレー語
マレーシア	マレー人　(62%)	華人　インド人	マレー語

（出所）『データブック　オブ・ザ・ワールド　2015』より作成

多民族型社会

東南アジア諸国の社会の特徴は、どの国も複数の民族からなる多民族型社会にあり、国民は多数民族と数多くの少数民族から構成されていることにある。表2は、一一ヵ国の多数民族と主要少数民族、それに国語を示したものである。なぜ、ほぼ一つの民族が一つの国を創る単一民族型社会ではなく（日本にもアイヌなど少数民族がいるが、その比率はきわめて小さく単一民族型に分類される）、多民族型社会なのだろうか。その最大の理由は、いま国土面積と人口の違いが生じた要因の一つとして説明した、ヨーロッパの植民地化に求められる。また、どの国も多数民族の言語が国語になっているのは（例外はインドネシアとシンガポール）、第二次世界大戦後に東南アジア諸国が独立すると、多数民族を基盤にして権力を握った政府が、多数民族の価値（言語はその一つ）によって多様な国民を一つにまとめる国民統合を進めたからである（ここからどのような問題が発生したのかは、第三章でみる）。

アジア諸国の文字は大きく、漢字圏（日本はこれに属している）、アラビア文字圏、インド文字圏（ブラーフミー文字）、ラテン文字圏（ローマ字）の四つからなるが、この文字系譜のなかでみると、東南アジアの一一ヵ国の言語は二つのグループに分かれる。

一つが、インドのブラーフミー文字系譜に属する、大陸部のビルマ語、カンボジア語、タイ語、ラオス語である。ブラーフミー文字は約二三〇〇年前にインドの最初の統一国家となったマウリヤ国のアショーカ王時代に生まれたものだが、これらの国が古代からインドの歴史文化の強い影響を受けたことによる。

もう一つが、ラテン文字系譜に属する、島嶼部のインドネシア語、マレー語、フィリピノ語、ベトナム語である。ラテン文字は地中海地域の国で生まれたものだが、これらの国が古代からアジアとヨーロッパ（地中海）間の貿易がおこなわれたなかで、貿易商人を通じてギリシアやローマなどの文化の強い影響を受けたことによる。このグループに大陸部のベトナム語が含まれているのは、ベトナム語はもともと漢字圏に属していたが、フランス植民地時代にフランスが支配統治のために、ベトナム語をラテン文字（ローマ字）表記に改め、一九四五年に北ベトナムが独立すると、指導者が国民の識字率向上のために、これを使用することにしたからである。

一一ヵ国の言語が相互に外国語関係にあるなかで、唯一インドネシア語とマレー語は「兄弟語」関係にあり、初対面の人でも会話が可能である。例えば、インドネシア語もマレー語も、ジャラン（jalan）は「道、通り」を、ブルジャラン（berjalan）は「歩く」、そして、ブルジャラン・ジャラン（berjalan-jalan）は「散歩する」を意味している。その理由は、マレー語が、八世紀頃にインドネシアのスマトラ島南部で貿易に従事していたムラユ人の言語を出自にするものであること（マレーシアでは、マレー語はムラユ語と呼ばれる）、インドネシアも独立指導者が、多数民族のジャワ人のジャワ語ではなく（ジャワ語はアラビア文字の影響を受けて表記が複雑）、ムラユ語を基にして一九二八年にインドネシア語を考案したことにあり、両国は独立後の一九七二年に表記法の統一をしている。

ともあれ、一一ヵ国は民族と言語がそれぞれに違うだけでなく、各国の内部もさまざまな民族と言語があるので（多数民族と数多くの少数民族）、東南アジアは、二重の意味で多様なのである。

なぜ、このような国が誕生したのかはいまみたとおりだが、ここからどのような政治社会問題が発生したのかは、第三章でみることにする。

ボロブドゥール、アンコール・ワット、パガン——宗教と東南アジア

東南アジアの三大宗教遺跡と言われているのは、インドネシア・ジャワ島の仏教の「ボロブドゥール」、カンボジアのヒンドゥー教と仏教が融合した「アンコール・ワット」、それに、ミャンマー中部の約二二〇〇の仏教寺院が点在する「パガン」である（パガンをのぞいて、いずれも世界遺産）。

ボロブドゥールは、ジャワ島中部のインドネシアの京都と言われるジョグジャカルタから北西に四〇キロメートルほど行った場所に位置する。ヤシの木と水田に囲まれた緑豊かな一帯にそそり立つ、王家の祖廟と言われる巨大な仏教遺跡で、七七五年に建設がはじまり、八一〇年頃に完成したものである。アンコール・ワットは、カンボジア西部のトンレサップ湖の北に位置する、緑深い木々に囲まれた広大、かつ壮大な寺院である。強大さを誇ったアンコール国が一二世紀に建造し、最初はヒンドゥー教寺院として造られたが、後に、仏教寺院になったものである。そして、パガンは、一二世紀頃にパガン国が造ったもので、ミャンマー中部の古都マンダレーから西に一〇〇キロメートルほどの場所に位置する。広大な原野に二二〇〇ほどの廃墟となった仏教寺院が点在する遺跡である。

言うまでもなく、仏教とヒンドゥー教が東南アジアの主要宗教のすべてではなく、イスラーム・モスクやキリスト教教会、それに儒教の孔子廟や道教の寺院などもある。

ボロブドゥール遺跡

とはいえ、宗教文化は大きく、仏教文化圏（ミャンマー、タイ、ラオス、カンボジア）、イスラーム文化圏（インドネシア、マレーシア、ブルネイ）、キリスト教文化圏（フィリピン、東ティモール）の三つに分かれる（ベトナムとシンガポールは、複数の宗教が混在する国）。これは、中東がイスラーム、ヨーロッパがキリスト教と、地域諸国が同一宗教であるのと違い、東南アジアの多様性を象徴する一つでもあるが、なぜ、このような多様な宗教を持った地域が誕生したのだろうか。もちろん、もともと東南アジア各地に、アニミズムと呼ばれる独自の宗教があったが、歴史過程で、世界三大宗教の仏教、イスラーム、キリスト教が伝来すると、支配者や住民がそれを価値あるものとして受け入れて定着したからである。その経緯はつぎのようなものだった。

　仏教は、前五世紀頃にインドのガンジス川流域のブッダガヤの地で、ガウタマ＝シッダールタが悟りを得て誕生した。一時期インドで広まったが、ヒンドゥー教が盛り返すと廃れ、現在、信徒は国民の一％にも満たない。しかし、二五〇〇年頃にスリランカ（セイロン）に伝わり、当地に住むシンハラ人の宗教になった。そして、一一世紀頃にスリランカからミャンマー（国民の七四％）、カンボジア（九七％）、タイ（八三％）、ラオス（六七％）、ベトナム（中部と南部）など東南アジア大陸部の国に伝わると、住民が受け入れて定着したのである。

仏教の分派は大きく、在家信者でも救われるとする大乗仏教と、一定期間、僧院で修行を積むことを要求する上座部仏教の二つがある。大乗仏教が一～二世紀頃に中国、その後日本など東アジア（それに、東南アジアの一部の地域）に伝播《でんぱ》したのに対し、東南アジアに伝播したのは上座部仏教だった。上座部仏教は、解脱のための難行をもっとも重要な勤めとみなすなど、厳しい修行を要求する。このような宗派が受け入れられた理由の一つとして、東南アジアがインドと同じ熱帯地域に属して気候風土が類似しているので、インドではじまった勤行様式を何ら修正することなく、そのまま東南アジアでも遵行できることにあったと考えられている。

イスラームは、六一〇年に中東のアラビア半島ヒジャーズ地域の貿易都市メッカで誕生したもので、東西貿易に従事していた商人・ムハンマドを預言者に、唯一神アッラーを信仰する宗教である。古代から中東商人が、紅海、アラビア海、インド洋を経由して東南アジア島嶼部と貿易していたところに、一三世紀になるとムスリムの中東商人、彼らに同行したイスラーム学者や布教師が、東南アジア島嶼部に伝えて定着した。東南アジアで最初にイスラーム化した国は、中東から地理的に近いスマトラ島北端の小貿易国アチェだが、島嶼部全域に広まる拠点になったのが、マレーシアのマラッカ国（マレーシアでは、ムラカと呼ばれる）だった。当時、マラッカは東南アジア島嶼部各地と貿易ネットワークを築いていたので、国王がイスラームに改宗すると、このネットワークを通じて広まったからである。また、仏教国タイの南部四県も、地理的にマレーシアに近いことからイスラーム化し、フィリピン南部のミンダナオ島やスールー諸島も、インドネシアに近いのでイスラーム化した（フィリピンのムスリムはモロと呼ばれる）。現在、東南アジアのイスラーム国・地域は、インドネシア（八七・二％）、マレーシア（六〇・四％）、ブルネイ（八〇・四％）、シンガポール（一四・七％）、フィリピン南部（五％）、タイ南部（九％）、である。

キリスト教は、紀元一世紀初頭に、イエス＝キリストが中東のエルサレムの地で教えを説いたものである。第一章でみるように、ヨーロッパ諸国が東南アジアを植民地化した目的の一つは、キリスト教の布教にあった。その代表国がスペイン植民地のフィリピンであり（九二・七％）、フィリピンの歴史文化の中心地で、北部に位置するルソン島は東南アジア最大のキリスト教地域になった。また、ポルトガル植民地の東ティモールもキリスト教国になった（九九％）。ただ、両国をのぞくと、インドネシアの僻地の少数民族（約一〇％）、ミャンマーの少数民族（六％）、ベトナムの少数民族（七・五％）など、東南アジア諸国の周辺地域に広まったに過ぎない。これらの国の多数民族のあいだでは、すでに仏教とイスラームが定着していたからである。

このようななかで、ベトナム北部は地理的、歴史的に中国と関係が強かったので、フランス植民地になるまで、東南アジアで唯一儒教と科挙制度を軸にする「儒教文化圏」に属していた。植民地時代の一八一九年以降に社会が形成されたシンガポールも、中国、マレーシア、インドからの移民が自分たちの宗教を持ち込んだので、仏教（三三・三％）、イスラーム（一四・七％）、ヒンドゥー教（五・一％）が主なものだが、イギリス植民地だったのでキリスト教徒（一八・三％）も少なくない。この点でシンガポールは、人為的要素が強いものの、東南アジアの宗教の「縮図」ということができる。

「外部世界」の強い影響

さきほどみた東南アジアの三大宗教遺跡は、インドの宗教建築様式を直輸入したものではなく、いずれも、それぞれの国の独自の様式が加えられたものだが、仏教とヒンドゥー教寺院であることが語るように、古代東南アジアはインドの宗教文化の強い影響を受けた。そして、イスラームは中東から、キリスト教はヨーロッパから伝来したものである。このことは、東南アジアの主要な宗教文化は、すべて外部世界で興ったものであることを語っている。東南アジアは外部世界の宗教文化の受け手の地域であることを語っている。東南アジアで興ったもっとも古い土着文化は、前四世紀〜後一世紀頃にベトナム北部で栄えた鉄器文化のドンソン文化であり、多彩な青銅器（銅鼓、工具類、武器類、容器類など）や鉄器（工具類や農具類など）が造られたが、東南アジアの他の地域に広がることはなかった。独自の文化が興ったにもかかわらず、なぜ、東南アジアは外部世界の影響を強く受けた地域、言い換えると、受け手の地域だったのだろうか。

その理由としてさまざまな点が考えられるが、ここでも東南アジアの特徴の一つである、自然地理要因を挙げてみたい。アジアでは、インドはヒンドゥー教と仏教、中国は儒教を自家生産し、それをアジアの他の地域に広めた。インドと中国が広めることができた一因は高い農業生産力にあったと考えられる。すなわち、インドは、首都デリーから東部の大都市コルカタへと流れるガンジス川流域は広大な一大稲作地帯をなし、中国も、黄河と長江に挟まれ、西安、北京、上海などが位置する巨大平原は高い農業生産地域である。ここから、巨大人口の社会が誕生し、高度な宗教文化が興ったわけで、事実、ヒンドゥー教と仏教はガンジス川流域で、儒教は黄河流域で興ったものだった。そして、高い経済力と宗教文化を基盤にして強大な国家が登場すると、アジアの他の国や地域に宗教的、政治的影響を与えたのである。

これに対して、東南アジアの自然地理はまったく違う。大陸部と島嶼部に分節しているだけでなく、大陸部は、ベトナムとラオスはアンナン山脈、タイ南部とミャンマー南部はテナセリム山脈、ミャンマーと東インドはアラカン山脈など、険しい山脈によっていくつかの地域に細分化されている。そして、これらの山脈によって分断された地域を流れる、ミャンマーのエイヤーワディ川、タイのチャオプラヤー川、ベトナム南部のメコン川、ベトナム北部の紅河などのデルタ地帯で稲作が営まれて社会が発展したものである。

島嶼部も、広大な海で切断されているだけでなく、東南アジア最大の島のボルネオ島（七五万平方キロメートルで世界第三位、日本の国土面積の約二倍だが、人口は一八五〇万人ほどでしかない）と、それにつぐスマトラ島（四七万平方キロメートルで、世界第六位）の内陸部は熱帯ジャングルに覆われているし、二つの島の周辺海岸部はマングローブが茂る湿地帯である。三番目に大きい島のスラウェシ島も山岳高地が大半を占めていて、一大農業地帯となるだけの広大な平地が少ない（そのなかで唯一土地が肥沃で稲作が発達して、東南アジア最大の人口地域がジャワ島である）。このように、東南アジアでは、巨大人口社会の誕生――高度な宗教文化の誕生――強大な国家の誕生というサイクルが生まれる自然環境になかったのである。

要するに、東南アジアはいくつもの中・小規模社会に分節していることが特徴の一つであり、この後でみるように、東南アジア各地で自生的、自律的に土着国家が誕生したとはいえ、外部世界の高度な思想体系を持った宗教文化や政治システムが伝わると、それを受容する受け手の地域だったのである。極端な言い方をすれば、第六章でみるように、ASEANを通じて東南アジアが自らの存在をアジアや世界に発信するようになるまで、これが、東南アジアと他の地域との関係の基調だったのである。

2　土着国家の栄枯盛衰

大陸部と島嶼部の土着国家

これまで東南アジアに登場した国家は、大きく三つの類型(時期)に区分できる。第一期が、支配者が世襲制の「土着国家」、第二期が、ヨーロッパ諸国が東南アジアを植民地化して創った「植民地国家」、そして、第三期が、第二次世界大戦後の「現代国家」、である。本書は、植民地国家時代と現代国家時代の東南アジアをみるものだが、現在の一一ヵ国の原型の土着国家がどのようなものであり、それがどのようにして植民地国家に至ったのか、現代国家の領域の観点から、大陸部と島嶼部に分けて簡単にみておこう。

グエン国――ベトナムをはじめて統一

大陸部で最初に土着国家が興ったのがベトナムである。ベトナムは歴史地理的に、北部（トンキン）、中部（アンナン）、南部（コーチシナ）の三つの地域に分かれるが、ベトナムの土着国家史を主導したのは北部に興った国だった。ただ、最初に興った国は、前一一一年に中国（漢）に征服されて支配下に組み入れられたが、唐滅亡後の政治混乱に乗じて一〇〇九年に自立した。その後、さまざまな国が北部を拠点に登場しては消えていったなかで、時間の経過とともに、支配領域が中部や南部にも広がったのである。

フランス植民地になる前の最後の土着国家が、南部を拠点に興り、中部や北部の勢力を屈服させて、中部のフエに首都を置いたグエン国（一八〇二～一九四五年）である。グエン国は、細長いベトナムの国土をはじめて統一した国であり、現代ベトナムの国家領域はこの時にできあがったものだし、ベトナム（越南）の国名もこの時に誕生したものだった。一八四〇年代にフランスによるベトナムの植民地化がはじまると、グエン国を取り巻く地域環境は厳しいものになったが、何とか名目的な政治的自立を維持して一九四五年まで続いた。グエン国首都のフエは、現在、ベトナムの代表的な世界遺産である。

アンコール国という帝国

ついで土着国家が興ったのがカンボジアである。一世紀頃に興った扶南が東西貿易における貿易国として繁栄したが、アンコール国（八〇二〜一四三一年）時代に最盛期を迎えた。カンボジア西部のトンレサップ湖北部を拠点にしたアンコール国は、一二世紀前半のスールヤバルマン二世時代に、東はメコン川、西はミャンマー、南はマレー半島北部、北は東北タイとラオス南部まで、東南アジア大陸部の大半の地域を支配下に入れた強国になった。これは、東南アジアの土着国家史のなかで、唯一、帝国（他の民族を支配下に入れた国の意味）と呼べるものである。アンコール国の強大さの源泉は、水利を管理し、灌漑網を整備して農業生産を増大させたこと

アンコール・ワット

にあった。

筆者は、二〇一三年末に家族と一緒にアンコール・ワットとアンコール・トムの遺跡を訪ねた。遺跡は、それこそ世界中からの観光客で賑わっていたが、緑豊かな広大な土地に広がる寺院は壮大という言葉で形容するしか他になく、一二世紀にこのような宗教建造物を建てたアンコール国の国力と技術力にただ感嘆するだけだった（しかし、同時に、なぜ、このような文化力を持った国が、第三章でみるように、独立後は政治混乱に明け暮れする国になったのかという疑念も湧いて、国家の栄枯盛衰という言葉の意味を実感した）。

アンコール国はカンボジアに仏教を取り入れた国でもあったが、隣国タイとベトナムが強大になると次第に領土を失い、一四三一年にタイのアユタヤ国に攻撃されて滅亡した。その後、カンボジアの政治中心地は南部のプノンペンに移動し、フランスの植民地化を迎えることになる。

「世界の支配者」コンバウン国

カンボジアで土着国家が興ったのとほぼ同じ頃に、ミャンマー（ミャンマーの国名になるのは一九八九年のことであり、それ以前はビルマと呼ばれたが、本書は原則的にミャンマーで統一する）でも土着国家が興った。ミャンマーも地理的に、北部、中部、南部に分かれるが、最初の有力土着国家は、一〇四四年にビルマ人が中部を拠点に創ったパガン国（一〇四四〜一二八七年）だった。パガン国は、稲作と畑作を基盤に繁栄して、この頃伝来した仏教を奨励し、さきほどみたように、首都パガンに二二〇〇ほどの仏教寺院を造ったことで有名である。

パガンの仏教寺院（提供＝Mireille Vautier／PPS通信社）

一五三一年になると同じビルマ人が創ったタウングー国（一五三一〜一七五二年）が国土を再統一し、南部のペグーに首都を置いたが、一七五二年に滅亡した。その後、登場したのが、これも、ビルマ人が中部の稲作地帯に創ったコンバウン国（一七五二〜一八八五年）である（一八五七年にマンダレーに遷都）。「世界の支配者」を自称したコンバウン国は、タイのアユタヤ国を数次におよぶ攻撃で滅亡させ、イギリスがインドに進出して東インドの藩王国が弱体になると、東インドでの領土拡大をめざしてイギリスに戦争を挑むなど、東南アジアでは珍しい侵略的な国だった。しかし、イギリスの植民地化がミャンマーに及ぶと、コンバウン国は一八八六年に滅亡した。

チャオプラヤー川流域の国家

タイで最初の国が創られたのは一三世紀と遅い。もともとタイ人は中国南部に住んでいた。しかし中国北部がモンゴル人に征服されると、それを逃れた漢族が南下し、玉突きのかたちで現在の地に移動した。

最初の国家は、チャオプラヤー川中流域に創られたスコータイ国(一二四〇〜一四三八年)である。この時期にスリランカから伝来した仏教を取り入れたが、同川下流に興ったアユタヤ国に征服されて一四三八年に滅亡した。アユタヤ国(一三五一〜一七六七年)は、アンコール国を滅ぼし、遠く離れた南のマラッカ国を攻撃するなど、領土を周辺地域に拡大した強大な国となり、一六世紀に最盛期を迎えた。しかし、一七六七年にミャンマーのコンバウン国の攻撃を受け、首都が徹底的に破壊されて滅亡した(廃墟となったアユタヤは現在、世界遺産)。ついで登場したのが、一七八二年に軍人チャクリ(ラーマ一世)が創ったラタナコーシン国(一七八二〜現在)であり、チャオプラヤー川左岸のバンコクに首都を置いた同国も貿易で繁栄し、王室のコメ貿易独占が国力の源泉になった。

このように、タイの有力土着国家は、いずれもチャオプラヤー川流域に興り、時代の経過とともにタイ湾に向かって南下する経緯を辿った。第一章でみるように、東南アジア諸国がヨーロッパの植民地になったなかで、唯一独立を維持した国である。

最後に土着国家が登場したのがラオスである。東南アジアで唯一内陸国のラオスは、一三五三年にラオ人が、北部山岳地帯のルアンパバーンを首都にラーンサーン国（百万頭の象の意味、一三五三〜一九七五年）を創ったことではじまったものである。人口が少なく弱小のラーンサーン国は、しばしば隣国の攻撃を受けたが、険しい山岳地帯に位置する地理的要因もあり、名目的ながら、第二次世界大戦後の一九七五年に社会主義国になるまで続いた。

ヒンドゥー・ジャワ文化の完成――マジャパヒト国

島嶼部で最初に土着国家が興ったのがインドネシアである。約一万三〇〇〇の島からなるインドネシアは、土地が肥沃で人口が多いジャワ島が歴史文化の中心だが、最初の有力土着国家はジャワ島以外の地で興った。その一つが、七世紀半ばにスマトラ島南部に登場したシュリービジャヤ国（七世紀半ば〜一一世紀）である。同国が台頭した理由は、それまで中国とインド間貿易は、タイ南部のクラ地峡を横断するルートが使われていたが、新たにマラッカ海峡ルートが使われたことにあった。

一方、ジャワ島における最初の有力土着国家は、八世紀中頃に中部ジャワに創られた。インドのサンスクリット語を国語にした仏教国のシャイレンドラ国（七五二〜八三二年）である。同国が東南アジア文化史に名を遺したのは、さきほどみたように、世界最大の仏教遺跡のボロブドゥールを建立したことにある。

アジアとヨーロッパの東西貿易が活発になると、ジャワ島では、東部ジャワを拠点にマジャパヒト国（一二九三〜一五二〇年）が有力国として登場した。マジャパヒト国は、「はじめに」で紹介した「多様性の中の統一」の言葉を残した国であり、同国が注目されるのは、この時期にインドネシアのイスラーム化が進んだなかで、ヒンドゥー教を基盤にする国として発展し、インドネシアの民族文化のバティク（ジャワ更紗）、ワヤン（影絵劇）、ガムラン音楽など、ヒンドゥー・ジャワ文化を完成させたことである。

その後、中部ジャワのジョグジャカルタを首都に、稲作を基盤にするイスラームのマタラム国（一五七五〜一七五五年）が有力土着国家として登場した。しかし、マタラム国はオランダがインドネシアに進出すると徐々に領土を侵食されて、ジャワ島における最後の土着国家になった。

東西貿易の中継地マラッカ国

ついで、土着国家が創られたのがマレーシア（マレーシアの国名になるのは一九六三年のことであり、それまではマラヤと呼ばれたが、本書は原則的にマレーシアで統一する）である。マレーシアは、一四〇〇年頃に、スマトラ島南部の貿易都市パレンバンに住む、パラメスワラ王子が自国の動乱を逃れて、マラッカ海峡対岸のマレー半島にマラッカ国（一四〇〇頃～一五一一年）を創ったことではじまった。マラッカ国は、島嶼部の中心に位置する地理的優位性を生かして、香辛料などの東西貿易の中継港として栄え、最盛期にはマレー半島全域とスマトラ島中部を支配下に置いたが、一五一一年にアジアの植民地化に乗り出したポルトガルに占領されて滅亡した。

その後、マラッカ国のスルタンはマレー半島南端のジョホールに逃れ、ジョホール国（一五三〇頃～一九五七年）を創ったが、ヨーロッパ勢力との抗争や王族の内紛が発生すると、一部の王族がマレー半島各地に移住してイスラームの国を創り、その数は全部で九つになった。これらの国は、イギリス植民地時代に残っただけでなく、マレーシアは現在も立憲君主制の下で、一三州のうち九つの州で九人のスルタン体制を維持している。

創られなかった土着国家――フィリピン

大小七一〇〇ほどの島からなるフィリピンは、古代から各地の島にマレー系人が住んでいたが、他の国のように、統一土着国家が創られたことがなかった。その理由は、フィリピン各地でバランガイ（フィリピンにやってきたマレー系人が乗った小舟、の意味）と呼ばれる三〇〜一〇〇戸ほどの小規模社会を単位に、統治者ダトが率いる自治組織が、いわば国の役割を果たしていたことにあった（ダトの指揮の下、バランガイ同士で戦争をした）。フィリピンで統一国家と呼べるものが登場するのは、スペインの植民地国家が創られた時のことである。

ボルネオ島北部に位置するブルネイは、古くから土着国家が創られて、ボルネオ島やフィリピン南部の島や中国沿海部を活動領域に貿易国として発展し、一五一一年にマラッカがポルトガルに占領されるとその代替港の一つになった。しかし、東西貿易の主要路から外れた場所に位置していること、農業に適した土地が少ないことから、人口も支配領域も小さかった。そして、シンガポールは、もともとはマレーシアのジョホール国の領土だったが、一八一九年にイギリス植民地となって以降、アジア各地から移民が到来して社会と植民地国家が創られた。東南アジアの最東南端に位置する東ティモールは、インドネシア世界に属したが、ポルトガル植民地となって以降、オランダ植民地になったインドネシアとは異なる社会と国になったものである。

さまざまな分節——土着国家時代

東南アジアはヨーロッパの植民地になるまで、長いこと土着国家時代が続いたが、いまみたように、東アジアや南アジアと違い、地域諸国が一つの国の支配下に置かれることはなく、それぞれの国が自国の領域を基本に周辺の国と戦争や侵略をくりかえすものだった。その背景には、自然地理要因によって大陸部と島嶼部の二つに分節していたことに加えて、それぞれの地域内部もさらに分節していたことがあった。

大陸部は、一八世紀に土着国家が「死闘」とも「定期戦」とも呼ばれた侵略と攻撃をくりかえした「ミャンマーとタイの小世界」、アンコール国の衰退後、強大になったタイとベトナムによるカンボジアの領土侵食に代表される「タイとカンボジアとベトナムの小世界」など、この小世界内部で近隣国との争いや政治が展開された。

島嶼部も、「インドネシア小世界」、「マレーシア小世界」、「フィリピン小世界」に分節していただけでなく、それぞれの小世界内部もさらに分節していた。例えば、インドネシアは、人口が多いもののさほど面積が広くないジャワ島では、主要民族のジャワ人（ジャワ語）は中部や東部に住み、ジャカルタがある西部はスンダ人（スンダ語）が、ジャワ島の北東部のマドゥラ島はマドゥラ人（マドゥラ語）が、そして、狭いバリ海峡を隔てたバリ島にはバリ人（バリ語）が住むという具合に分節状態にあった。さきほどみた、ボロブドゥールを建てたジャワ島のシャイレンドラ国が南シナ海を北上して、大陸部のベトナム北部と中部、それにカンボジアを攻撃したこともあったが、これは例外的な出来事でしかなかったのである。

インド化した国

こうしたことが語るように、アジアの他の地域との比較でみた東南アジア土着国家の特徴は、つぎの点にある。東アジアでは、しばしば東アジア全域を支配下に入れた統一国家（唐や元や清など）が登場し、南アジアも、インド亜大陸を支配下に入れた統一国家（マウリヤ国やムガル帝国など）が登場したのに対し、東南アジアは、一度も東南アジア全域、それどころか、大陸部全域や島嶼部全域を支配下に入れた統一国家は登場したことがない。これもまた、東南アジアの分節性と多様性を語る一つなのである。ただ、東南アジアが分節していたなかで、土着国家の共通特徴もあったので、ここでは三つを挙げておく。

第一が、「インド化した国」である。これは、イスラームが伝来するまで東南アジアの土着国家の宗教が、ベトナム北部が儒教だったことをのぞくと、インドで誕生したヒンドゥー教と仏教だったことから、フランス人のアジア研究者ジョルジュ・セデスが一九六四年に刊行した本で名付けたものである。具体的には、東南アジア各地で土着国家が自生的に登場したなかで、四～五世紀になると、土着国家の支配者が自国の政治基盤の強化や、支配の正統性の手だてとして、ヒンドゥー教と仏教、インド的な王権概念、ヒンドゥー教の神話、サンスクリット語などを利用したことから、「インド化した国」とか「インド文化を摂取した国」と呼ばれた。

マンダラ型国家

第二が、あいまいな国家領域（国境線）である。東南アジア各地でさまざまな土着国家が登場して、それぞれの国が一定の領土を支配したとはいえ、現代国家とちがい国境が明確な領域国家ではなかった。土着国家の支配領域は王都（首都）周辺に限られ、地方に行けばいくほど、すなわち、首都から離れるにしたがって支配力が弱まる国が少なくなかった（支配領域の広がりも、陸地の国は険しい山脈によって、海域の国は海によって阻まれた）。国境が不明確で、国土がしばしば伸縮する非中央集権的国家は、「マンダラ型国家」と呼ばれるが、これが、中国などと違う東南アジアの土着国家の特徴でもあったのである。

港市国家

第三が、「港市国家」である。古代から海路を利用したアジアとヨーロッパの東西貿易がおこなわれており、標準ルートは、中国の東シナ海に面した杭州や広州などを起点に、東南アジア（ベトナム、カンボジア、タイ、マレーシア、インドネシア、ミャンマーなどの港町）―インド―中東（ペルシア湾や紅海を経由）―地中海、というものだった（ただし、シルクロードに代表される陸路もあったが）。

一五〜一七世紀に、海路が東西貿易の中心になると、東南アジア各地の貿易港が活況を呈したことから、オーストラリア人の東南アジア史研究者アンソニー・リードは、一九八八〜九三年に刊行した *"Southeast Asia in the Age of Commerce, 1450-1680"* で、この時代の東南アジアを「交易の時代」と呼んだ。重要商品の一つが、東南アジア各地、とりわけインドネシアのモルッカ諸島で産出される胡椒、丁子《ちょうじ》、ナツメグなどの香辛料であった。これらの取引の中心はヨーロッパ商人だったが、海路ルート上に位置するマラッカ海峡やインドシナ半島南部の港町なども、この時代の主役の一人になった。ミャンマーのペグー、タイのアユタヤやバンコク、マレーシアのマラッカやジョホール、インドネシア・スマトラ島のパレンバン、ジャワ島のバンテン、それにボルネオ島のブルネイ、などがそうである。

これらの貿易都市は、中継貿易港と、後背地で産出される産品の積出港の二つのタイプがあった。中継貿易港は、海に面した土地か、市内を流れる大河が海とつながった土地につくられた。貿易都市は支配領域が港近辺に限定されていたので港市国家と呼ばれたのである。その代表国がタイのアユタヤとマレーシアのマラッカだった。

港市国家は、自国人、東南アジア人、中国人、インド人、中東人、ヨーロッパ人などさまざまな国や民族の商人が住む国際貿易都市でもあったが、東南アジアがヨーロッパ諸国の植民地になり、ヨーロッパ人が貿易を独占すると衰退した。植民地国家時代にもシンガポールやジャカルタやバンコクなどが東西貿易の拠点として発展することになるが、東南アジア諸国は植民地になると、本章でみた、土着国家が大きく変容することになる。

第一章　ヨーロッパの植民地化——一六～一九世紀

一六世紀にヨーロッパ諸国の東南アジア進出がはじまり、一九世紀末になるとタイをのぞいて、すべての国が植民地になった。この時代のキーワードは、植民地化と、それにともなう東南アジアの変容である。

ヨーロッパの植民地になると、東南アジアは政治、経済、社会のほぼすべての分野で土着国家のそれから大きく変わった。具体的には、土着国家に代わる植民地国家の支配と統治、輸出向け一次産品の大規模開発にともなう資本主義経済の導入、単一民族型社会から多民族型社会への転換が、主なものである。

第二次世界大戦後、東南アジア諸国は独立して現代国家が登場するが、しかし、現代国家の領域や経済構造や社会構造などは、土着国家のそれに復帰したのではなく、ほぼすべての国が、ヨーロッパ諸国が創った植民地国家を継承したものだった。この点からすると、序章でみた土着国家の姿が東南アジアの「第一の原型」であり、ヨーロッパの植民地国家時代に変容した姿が「第二の原型」になる。

1　なぜ東南アジアは植民地化されたのか

マゼランの世界一周

一五一九年にポルトガル人のフェルナンド・マゼランが、二八〇人の乗組員を率いてスペインから世界一周旅行に出発した。マゼランは旅の途中のフィリピンで、一五二一年四月二七日に死亡したが、出発から三年後の一五二二年に、残った一八人の乗組員がスペインに帰り、世界一周を達成した。マゼランが死亡した場所はセブ島付近のマクタン島、土着勢力の抗争で、一方の勢力に加担したさいの戦闘で負った傷が原因で死亡したという。しかし、なぜ、マゼランはヨーロッパからはるか遠く離れたフィリピンに来たのだろうか。その理由は、セブ島のすぐ南に航海の目的地のモルッカ諸島があったからである。同島で産出される香辛料をヨーロッパに持ち帰って売ると、莫大な利益を得ることができたのである。

これ以降、ヨーロッパによる東南アジア（それに世界）の植民地化がはじまったが、ヨーロッパの国を、植民地化した順番で言うと、ポルトガル、スペイン、オランダ、イギリス、フランス、それにヨーロッパの国ではないがアメリカになる。なぜ、この順番なのか。植民地化には、国王に権力を集中する絶対主義国家の構築を必要としたが、これらの国ではこの順番でおこなわれたからである（なぜ、これらの国で絶対主義国家が構築できたのか、ここでは触れない。また、アメリカは絶対主義国家ではない）。以下では、東南アジアが植民地化された概要をみることにする。

ポルトガルの拠点マラッカ

いち早く世界大航海と探検に乗り出し、他のヨーロッパの国に先駆けて世界の植民地化に着手したのが、ヨーロッパ西端に位置し、大西洋に面するポルトガルとスペインだった。両国は、世界の植民地争奪戦での衝突を避けるために、一四九四年のトルデシリャス条約など、三回におよぶ条約を締結して世界を二つに分割し、自分勝手にもそれぞれの領分を決めた。

条約により、アジアを割り当てられたポルトガルは、一五一〇年にインド西海岸の港町ゴアとカリカットを植民地にし、翌一五一一年に東南アジアの貿易拠点のマラッカを占領し（一五一一～一六四一年）、一五五七年には中国南部のマカオを中国貿易の拠点にした。また、一六世紀前半に、貴重な輸出品の白檀《びゃくだん》がある東ティモールも植民地にした。しかし、ポルトガルは小国なため、植民地はアジア各地の貿易拠点を押さえるだけで終わり、しかも、これらの拠点は、その後、後発のヨーロッパの国に奪われてしまった。マラッカは一六四一年にオランダ、一七九五年にイギリスの植民地になり、東南アジアで残った植民地は、東ティモールだけだった。

筆者は、これまでに何回かマラッカを訪ねたことがある。街には、ポルトガル植民地だったのでポルトガル砦の跡やカトリック教会の廃墟が、オランダの植民地ともなったのでオランダ広場が、イギリスの植民地でもあったのでイギリス風の建物など、ヨーロッパに関連したさまざまな歴史遺跡がある。しかし、ヨーロッパ勢力が来る前は、中国人移民の東南アジアにおける拠点でもあったので、中国風の住居や中国人墓地もある。マレーシアに移民した中国人で、現地のマレー文化を受け入れた中国人はプラナカン、男性はババ、女性はニョニャと呼ばれる。プラナカン文化は、言語や衣服や生活慣習など、中国文化とマレー文化が融合したもので、ニョニャ料理はその一つである。見た目も味も、日本の家庭料理に似ているニョニャ料理は、筆者の東南アジア料理の好物の一つである。ニョニャ料理の店はシンガポールにもあるが、裕福なプラナカン一族の邸宅だった二階建ての家をレストランに改築したマラッカの店は歴史的雰囲気が漂い、ビールを飲みながら食べた料理は抜群だった。

マラッカの歴史遺跡（提供＝Tibor Bognar／PPS通信社）

スペインがフィリピンを植民地にした目的

ポルトガルに対し、アメリカ新大陸を領分とされたスペインは、ブラジル（ポルトガル植民地）をのぞいたラテン・アメリカを植民地にすると、メキシコのアカプルコを拠点に太平洋を横断して、東南アジアの香辛料貿易、それに中国との貿易を望んだ（その理由は、当時、インドと中国が世界第一と第二の経済大国だったからである）。一五六五年にフィリピンに到着したスペインの遠征隊長レガスピは、当初、フィリピン中部のセブ島に眼をつけたが、一五七一年に中国貿易の拠点として、フィリピン北部のルソン島のマニラを植民地にした。メキシコのアカプルコとマニラ間貿易は、中国産の絹織物とメキシコの銀の交換が主なものであり、大型帆船（ガレオン）でおこなわれたのでガレオン貿易と呼ばれ、一八一五年まで続いた。貿易では、メキシコのスペイン人植民者と中国人商人が膨大な利益を得たが、メキシコとスペイン間の大西洋貿易と競合したため、スペイン本国の圧力により一六世紀末以降は、マニラからの輸出は年二五万ペソ、輸入は五〇万ペソまでに制限された。

スペインがフィリピンを植民地にした目的はもう一つあった。キリスト教（カトリック派）の布教である。多くの宣教師がフィリピンに送り込まれ、豊かな稲作地帯のルソン島中部を中心に、修道会の教会領が誕生して教会は大地主（アシエンダ）になった。また、フイリピンの国名は、一五四二年に到来した探検船隊が、当時のスペイン国王フェリペ二世に因んでフィリピナスと呼んだことに由来するもので、バランガイと呼ばれる小規模社会を単位に自治を営んでいたフィリピン人にとり、スペインの植民地国家がはじめての「国」となった。

オランダ東インド会社のインドネシア進出

スペインの支配下に置かれていたオランダは、一五八一年に独立すると海外進出に乗り出した。スペインとポルトガルの植民地化は、王室事業の形態でおこなわれたものだが、オランダの植民地化は、一六〇二年に設立された民間貿易会社のオランダ東インド会社の手でおこなわれたものだった（しかし、民間貿易会社とはいえ、軍艦や軍隊や条約締結権を持ち、擬似国家に相当した。これはイギリスとフランスの植民地化も同様である）。

オランダはインドネシアに進出したが、その目的は、インドネシア東部のモルッカ諸島の香辛料貿易にあった。一六一一年にジャワ島西部のスンダクラパ（ジャカルタ）にオランダ東インド会社商館を築き、一六一九年にバタヴィアと改名してインドネシア貿易の拠点にした。一六四一年にはマラッカをポルトガルから奪い、一六五八年にはスリランカからもポルトガルを追放した。オランダも中国との貿易を望み、一六二四年に台湾（台南）を占拠して拠点にしたが、一六六一年に、清に滅ぼされた明の残存勢力により追い出されてしまい、この試みは失敗した。

これもあり、オランダの植民地はインドネシアが中心になった。一六七八年にジャワ島のマタラム国で発生した王族の内紛に介入して、対抗勢力を鎮圧した見返りに西部ジャワの領土の一部と貿易特権を得た。これを端緒に、インドネシア各地の王位継承争いなどの内紛に介入して領土を拡げ、一九一五年に現代インドネシアの領域とほぼ同じ植民地国家を創りあげたのである。インドネシア植民地は、オランダ領東インドと呼ばれたが（その由来は、インドネシア諸島がインドの東に位置することによる）、オランダ東インド会社は一七九九年に解散し、植民地化の完成はオランダ政府の手でおこなわれたものだった。

インドから中国への貿易ルートを押さえたイギリス

オランダのつぎに登場したのが、植民地化をめぐり世界各地で競い合った、二大植民地国のイギリスとフランスである。当初、イギリスもインドネシアのモルッカ諸島の香辛料貿易をめざしたが、一六二三年に発生した世界史で有名な、オランダ商館員がイギリス商館員一〇人を殺害したアンボイナ事件でオランダに敗れると、インド確保に方針転換した。しかし、フランスもインドに関心を寄せたので、両国のあいだでインド争奪戦が起こった。イギリスのインド確保を決めた出来事が、一七五七年にイギリス対フランス・ベンガル地方豪族連合軍の組み合わせで戦われた、プラッシーの戦いである。

インドを確保するとイギリスも中国との貿易をめざし、インド東部のカルカッタ（現在のコルカタ）を拠点に中国に至る航海ルートの開拓を試みた。そのさい、中国に至る途中で食糧や水を補給する港が必要だったため、一七八六年にマレー半島北部のペナン、一七九五年に中部のマラッカ、一八一九年に南端のシンガポールを植民地にした（ペナン、マラッカ、シンガポールの三つの港町は、一八二六年に「海峡植民地」になった。また、一八四二年にはアヘン戦争により香港を植民地にした）。

ペナンのコロニアルスタイルの高等裁判所とペナン港（提供＝Tibor Bognar／PPS通信社）

イギリスがインドを植民地にすると、インドの東のミャンマーのコンバウン国が領土拡大の格好の機会ととらえて、一八二四〜二六年にインド東部に侵攻したが、イギリスは撃退した。その後も、ミャンマーが反イギリスの姿勢を採ったため、一八五二年にイギリスはミャンマーを攻撃し、下ビルマを征服して植民地にした。そして、一八八五年にミャンマー中部のコンバウン国の首都マンダレーを攻撃し、翌一八八六年に国王と王妃を捕らえてインドのマドラス（現在のチェンナイ）に追放して滅ぼし、上ビルマと中ビルマも領土に組み入れて、ミャンマー全土を植民地にしたのである。当初、イギリスはミャンマーをインドの一州としたが、一九三七年に切り離されてイギリス領ビルマになった。

イギリスは、マラッカ海峡に面したマレーシアにも目を向けた。マレーシアに世界最大のスズが埋蔵されていることがわかると、一八七四年のパンコール条約で、スズが豊富なペラ州を植民地にしたのをはじめとして、一八九六年に半島全域を植民地にした（マレーシアはイギリス領マラヤと呼ばれた）。それより前の一八八八年には、ボルネオ島北部（ブルネイ、サバ、サラワク）も植民地にして（ただし、当初、これらの地域はイギリスの直接統治下にはなかったが）、インドから中国に至る南シナ海の貿易ルートの主要港を押さえたのである。

フランス領インドシナの完成

インド争奪戦に敗れたフランスは、アジアの植民地をあきらめたわけではなかった。まだ、どのヨーロッパの国も本格的に進出していないベトナム、カンボジア、ラオスに目を向けた。ベトナムのグエン国の王族の内紛への介入や、一八三三〜三八年にかけてのフランス人宣教師七人の処刑事件を口実に、一八五八年に南部（コーチシナ）に侵攻し、一八六二年に「第一次サイゴン条約」を締結して、コーチシナを植民地（直轄領）にした。翌一八六三年には、コーチシナの後背地で、タイとベトナムの侵略に苦しんでいたカンボジアを、国王の同意の下で保護国にし、一八八四年には「第二次フエ条約」により、北部（トンキン）と中部（アンナン）を支配するグエン国を保護下に入れた。そのさい、グエン国が冊封関係の下でベトナム北部を属国にしていた中国（清）に支援を求めたので、清仏戦争（一八八四〜八五年）が勃発したが、清は敗れた。

清仏戦争（トンキン、1884年。提供＝akg-images／PPS通信社）

　土着国家時代に、東南アジアで唯一「中華世界」に属していたベトナム（北部）は、清仏戦争でベトナムの宗主権を主張する清が敗れたこと（中国に倣った科挙制度が廃止されたのは一九一七年）、東南アジアの「インド化」した国のカンボジアとラオスとともに一つの植民地になったことにより、これ以降、「東南アジア世界」の一員として歴史の道を歩んでいくことになった

（古田元夫『ベトナムの世界史』、四一頁）。

すなわち、フランスは、一八八七年にコーチシナ、カンボジア、トンキン、アンナンの四つの地域を合わせてフランス領インドシナ連邦とし、一八九三年に保護国にしたラオスも、一八九九年に連邦に加えて、フランス領インドシナが完成したのである。

アメリカによるフィリピン獲得

北アメリカ大陸に位置し、一七七六年にイギリスから独立したアメリカも、一九世紀中頃に国土を、独立当初の東部一三州から西部に拡大して太平洋岸に達すると、アジア貿易の関心を強めた。一八九八年にキューバのスペインに対する独立戦争が発生すると、アメリカがキューバに加担したので、アメリカ・スペイン戦争が勃発した。すでにこの時に世界大国になっていたアメリカが勝利し、一八九八年一二月に、スペイン植民地のフィリピンを二〇〇〇万ドルで獲得（購入）した。同年にアメリカは、太平洋に浮かぶハワイ島を併合したが、これは、アメリカ本土―ハワイ―フィリピンという、アジア・太平洋の貿易ルートを構築する戦略の下でおこなわれたものだった。

軍事力と土着国家の内紛

かくして、ヨーロッパ諸国は、イギリスがミャンマー、マレーシア、シンガポール、ブルネイ、フランスがベトナム、カンボジア、ラオス、オランダがインドネシア、ポルトガルが東ティモール、スペイン・アメリカがフィリピンを植民地にした（植民地化を免れたのはタイだけだった）。言うまでもなく、東南アジアの土着国家は植民地化に無抵抗だったのではない。

さきほど、マゼランが香辛料を求めてフィリピンに到来したことをみたが、アメリカの東南アジア史研究者が共同で執筆して、一九七一年に刊行された東南アジア近代史"*In Search of Southeast Asia*"によると、アメリカは植民地時代の一九四一年に、マゼランは世界一周航海途上のフィリピンで、現地人ラプラプの手勢によって殺害されたと記した記念碑を建てた。しかし、それから一〇年後の一九五一年にフィリピン政府は、マゼランと戦い死亡させた現地人指導者ラプラプは、フィリピンを侵略したヨーロッパ人を撃退した英雄であると賛えた記念碑を建てたのである（ただ、これは植民地化をめぐる戦いではなかった）。ミャンマーのコンバウン国は三回におよぶ戦争の末に植民地にされたものだし、インドネシアのスマトラ島北端の小国アチェも、オランダに対する抵抗戦争は一八七三年にはじまり、熾烈《しれつ》な戦いの末に一九〇三年にスルタンが降伏して植民地にされるまで続いた。

このような抵抗にもかかわらず、東南アジアが植民地化された理由として、二つが指摘できる。一つは、軍事力の圧倒的な違いである。ヨーロッパ諸国は、一五世紀に本格化したルネッサンス以降、科学技術の探求、産業の振興、医学の研究、軍事技術の革新、地球一周の航海技術や造船技術の改良、さらには火薬や大砲など近代兵器の開発を精力的に進めた。そのため、遠洋航海が可能な船舶に装備した大砲、地上戦での鉄砲、大量の武器など、近代戦闘兵器で武装したヨーロッパ諸国にとって、旧式武器を持っただけの東南アジアの土着国家は敵ではなかったのである。

もう一つは、東南アジアの土着国家の王位継承などをめぐる内紛である。インドネシアのジャワ島のマタラム国など、王位継承問題が起こると、対立する一方の勢力は、強大な軍事力を持ったヨーロッパ勢力に加勢を求めた。ヨーロッパ勢力は政争に加担する条件として、勝利後の領土の割譲などを要求したので、これを突破口に全面的植民地化に至ったのである。一例を挙げると、オランダはマタラム国の王位継承紛争に、一八世紀前半の一七〇四～〇八年、一七一九～二三年、一七四六～五五年と、たてつづけに介入している。

要するに、東南アジアが植民地化されたのは、ヨーロッパ諸国の軍事力が東南アジアの土着国家のそれを圧倒したからだが、この時代の世界に眼を向けると、これは、別段、東南アジアが際立っていたわけではなく、いわば「普通」と言えるものだった。ラテン・アメリカやアフリカなど、他の地域や国もほぼ似たような状態で植民地化されたからである。

一次産品貿易の独占から土地・ヒトの支配へ

重要なのは、なぜ、ヨーロッパ諸国は東南アジア（それに世界）を植民地にしたのかということである。その目的は二段階に分けて考えることができる。

第一段階が、貴重な一次産品貿易の独占である。一六世紀にヨーロッパ勢力が東南アジアに到来した時は、領土支配に関心はなく、貿易に必要な港を支配すればじゅうぶんだった（点の支配）。これをよく語るのが、ポルトガル、スペイン、オランダ、イギリス、フランスとヨーロッパの主要国がこぞって参加しておこなわれた、インドネシアのモルッカ諸島争奪戦である。先ほどみた、一六二三年に同地で発生したアンボイナ事件は世界史で有名な出来事だが、現在、マルク諸島と呼ばれるモルッカ諸島は、何の資源もない人口希薄なインドネシアの辺境の地に過ぎない。それなのに、ヨーロッパ諸国が同地に殺到したのは、同島に自生する胡椒などの香辛料貿易にあった。香辛料をヨーロッパなどで販売すると、莫大な利益を得ることができたからである（しかし、一七世紀末になると香辛料はヨーロッパ市場に溢れて、貴重品・贅沢品から庶民の日常消費品となり、商品価値も価格も低落した）。

第二段階が、土地とヒトの支配である（領域支配）。一八世紀にヨーロッパで産業革命が起こったが、工業製品に必要な資源や一次産品原料の大半は、ヨーロッパにはなく東南アジアなどにあった。また、大量に生産された工業製品の販売市場も必要とした。ここから、ヨーロッパ諸国の植民地化の目的が、貿易から、東南アジアの天然資源の確保や、豊かな土地を使った一次産品栽培へと変化したのである。これが植民地化の目的の第二段階である。

この格好例としてマレーシアが挙げられる。イギリスは一九世紀後半にマレーシアを植民地にしたが、その理由は、マレー半島に世界最大量のスズが埋蔵されていること、それに、もともとブラジルのアマゾン川流域に自生していたゴムの木を、同じ熱帯気候のマレー半島で栽培すると、よく育つことがわかったことにある。第一段階では、イギリスはマラッカ海峡に面したマラッカやペナンやシンガポールの貿易港の支配に関心を持つに過ぎなかったが、スズの開発や広大なゴム農園の造成には、土地と住民の支配が必要なため、マレー半島全域（マレーシア）を植民地にしたのである。

タイが独立を維持できた理由

東南アジアが植民地になったなかで、唯一植民地化を免れたのがタイである。しかし、一八八四年にタイの東のベトナムがフランス植民地、二年後の一八八六年にタイの西のミャンマーがイギリス植民地になったので、タイが植民地になったとしても何の不思議もなかった。それなのに、なぜ、タイは植民地化を免れたのか、そこには「幸運」とも言える要因があったことはたしかだが、その理由として三点が指摘できる。

第一が、タイの近代化改革である。日本は植民地化を免れるために、徳川封建体制を廃止して、ヨーロッパに倣った近代的な明治国家へと転換した。これが明治維新である。タイでも、明治維新と同じ頃の一八六八年に即位したチュラロンコン国王（ラーマ五世、在位：一八六八～一九一〇年）は、植民地化を防ぐために、官僚制の導入や軍隊の創設など、チャクリー改革と呼ばれた、中央集権型の近代的国創りに着手したのである。

第二が、イギリスとフランスの事情である。イギリスは西から、フランスは東から、それぞれタイに迫ったので、タイがどちらかの国の植民地になっても、あるいは分割されても不思議ではなかった。事実、フランスはタイの分割を考えたが、しかし、フランスと、インドや北アメリカなどの植民地を争ったイギリスは、タイでも争いが起こるのを避け、一八九六年に、両国がタイに軍事進出することなく、チャオプラヤー川流域を「緩衝地帯」とする宣言をおこない、一九〇四年の英仏協商でイギリスとフランスは正式に合意したのである（ただし、タイは一八九三年にフランスにメコン川左岸、一九〇九年にイギリスにタイ南部四県の割譲を余儀なくされたが）。

第三が、決定的な理由として、ヨーロッパ諸国がタイのコメ貿易の参入権を獲得したことである。タイはアジア有数のコメ輸出国であり、それまでコメを含めて貿易は王室独占だった（国内の商品を王室が強制的に買い上げ、それを外国に独占的に売って、王室は莫大な富を得た。これは、隣国のミャンマーも同様だった）。イギリスとフランスがタイに関心を持ったのはコメ貿易の参入にあり、イギリスはタイ湾に軍艦を派遣して圧力をかけ、一八五五年に通商条約のバウリング条約を締結した。これにより、王室にアヘン以外の独占貿易を放棄させて、コメ貿易の参入権、タイの関税自主権の放棄（一律三％）、治外法権などを得た。もっとも欲しいものを得たイギリスやフランスなどのヨーロッパ諸国にとり、植民地化のコスト（タイの武力抵抗）をかけてまでして、植民地にする必要はなかったのである。

2　変容する東南アジア——政治・経済・社会

フィリピンのバナナ、インドネシアのコーヒー……

読者のなかには、フィリピンはバナナやパイナップル、インドネシアはコーヒー、マレーシアはゴムとスズの世界的に有名な産出国であると、地理の授業で習った人がいるかもしれない。これは、それまで稲作を中心に生活していた東南アジアが、ヨーロッパ諸国の植民地になり、各地で大規模な一次産品開発が進められた結果である。このことが象徴するように、東南アジアは植民地になると、政治、経済、社会のほぼすべての分野で歴史的な変容が起こった（そのなかで、唯一ともいえる例外が、序章でみた宗教であり、一部の国や地域にキリスト教が広まったことをのぞくと、仏教社会やイスラーム社会が変容することはなかった）。ここでは、現代国家につながる、政治、経済、社会分野での変容を一つずつみることにする。政治分野の土着国家から植民地国家への転換、経済分野の自給自足の伝統経済から資本主義経済への転換、それに社会分野の単一民族型社会から多民族型社会への転換がそうである。

土着国家から植民地国家へ――政治の変容

東南アジアが植民地になると、それまでの土着国家に代わって住民を支配・統治したのが、ヨーロッパ諸国が自国の官僚制や統治制度を模して創った植民地国家である（これは東南アジアだけでなく、世界のすべての植民地も同様だった）。これにより、土着国家の支配者は実権を失ったが、しかし、王制が廃止されたのではなく、多くの国で形式的ながらも残された。例えば、イギリスは、マレーシアでスルタンが統治する九つの州を存続させたし、フランスも、ベトナムのグエン国、ラオスのラーンサーン国などの国王を存続させた。

ヨーロッパ人が直接に支配・統治する体制は、衰えたとはいえ依然として伝統的支配者への忠誠心が残る住民のあいだで、外国人であるヨーロッパ人支配に対する不満や反発が起こる可能性があった。そのため、植民地になっても、いままで同様に伝統的支配者が支配しているという擬制を演出することで、住民の反発を和らげようとしたのである（日本は一九三二年に創設した満州国の国王に、一九一一年からの辛亥革命を契機に廃止された清の最後の国王・溥儀《ふぎ》を、わざわざ就任させている）。

しかし、これは形式的なものでしかなかったことも事実であり、その格好例として、オランダのインドネシア支配が挙げられる。オランダは当初、ジャワ島のマタラム国のスルタンを存続させて、オランダ東インド会社が実権を握る方式を採った。しかし、より多くの経済収益を獲得するために、一七五五年にマタラム国を分割して実質的に廃止し、一七九九年にはオランダ東インド会社を解散して、オランダ政庁の直接統治体制に替えたのである。要するに、土着国家の王制の存続や廃止は植民地宗主国の胸一つだったわけであり、土着国家は植民地時代に歴史的役割を終えたのである。

実際にも、第二次世界大戦後に東南アジアが独立すると、ほとんどの国が王制を廃止して共和国になったし、王制を残した国も立憲君主制になった。また、序章でみた、マンダラ型国家のように、土着国家は首都から離れるにしたがって国境線が漠然とする国が少なくなかったが、ヨーロッパ諸国は、隣国との明確な境界線を持った地域を排他的に支配するという、近代国家の領域概念を東南アジアに持ち込んだのである（これは、世界の他の地域も同様だった）。

官僚養成学校で現地人官僚を育成

植民地国家を支えたのは官僚と軍の二つの組織だが、大規模な住民反乱が発生することは稀《まれ》だったので、重要なのは住民を日常的に管理・統治する官僚だった。一般的に、官僚制は上級ポスト―中級ポスト―下級ポストからなり、上級ポストは、ほぼ例外なく植民地宗主国の者が任命されたが、中級ポストや下級ポストに本国人を任命すると膨大な人数や人件費が必要なため、ヨーロッパ諸国は官僚養成学校などを創り、現地人を育成して採用した。例えば、オランダはインドネシアで、ジャワ人有力者の子弟教育のために、一八七九年に三つの首長学校を開校したが、一八九三年に現地人官僚を育成することにして、一九〇〇年に原住民官吏養成学校と名称を改めた。また、医師育成のために設立したジャワ医師学校も、一九〇一年に原住民医師養成学校に改められた。

ただ、すべての国で現地人を育成したのではなく、なかには例外もあった。フランスが、インドシナ植民地のラオスとカンボジアを統治する下級役人としてベトナム人を利用したことは、その一例であり、カンボジアのプノンペンの現地人官僚一六人のうち一四人をベトナム人が占めた。インドシナ植民地の人口の七〇％強をベトナム人が占めていたこと、それに、歴史的に中華世界の一員のベトナムは科挙の下で官僚制が発達していたなどを理由に、フランスはベトナム人を利用した（フランスは、カンボジアとラオスの開発労働者としてもベトナム人を利用した）。同様に、イギリスも東南アジア植民地の治安を維持する警察官や兵士として、インド人を利用したのである。

現代国家との関連からして重要なのは、つぎのことである。ヨーロッパ諸国は植民地国家の統治補佐集団として現地人官僚、それに学校教師や医師などの知識人や専門家を育成したが、東南アジア諸国が独立すると、ほとんどの国でこれが現代国家の官僚制になったこと（とりわけ、イギリス植民地）、それに、多くの国で独立運動の指導者がこの官僚や知識人などの一群から登場したことである。

植民都市――コロニアルスタイルの景観

マニラやシンガポールやジャカルタなど、東南アジアの主要都市ではアメリカのニューヨークを思わせる高層ビル群が林立しているが、中心部の一角には、コロニアルスタイル

マニラ・イントラムロス一帯（提供＝小峯昇／PPS通信社）

と呼ばれるヨーロッパ風の瀟洒《しょうしゃ》な政府庁舎や教会などが立ち並ぶ地区がある。スペイン植民地のマニラ（イントラムロス一帯）、オランダ植民地のジャカルタ（コタ一帯）、イギリス植民地のシンガポール（シティーホール一帯）、クアラ・ルンプール（最高裁判所一帯）、ヤンゴン（ヤンゴン駅一帯）、フランス植民地のハノイ（中央省庁一帯）、ホー・チミン（旧大統領官邸一帯）、プノンペン（政府庁舎一帯）などがそうである。これらの都市には土着国家時代に発展したものもあるが、中心部のコロニアルスタイルの景観は植民地支配の名残なのである（これは、インドなど南アジアやスペイン植民地のラテン・アメリカも同様である）。

ヨーロッパ諸国は東南アジアを植民地にすると、沼地や原野などを開墾して、大規模プランテーションなどを造り一次産品開発を進めたが、その拠点として、行政都市、鉱山都市、貿易都市、軍事都市などさまざまなタイプの都市を創った。これが植民都市である。このうち、クアラ・ルンプールは、スズ鉱山開発のために一八五七年に中国人の出稼ぎ労働者が造った街で、一八九一年の住民の約八〇％を中国人が占めていた。しかし、一八九六年にイギリスが、重要なスズ鉱山がある場所に近いクアラ・ルンプールをマレーシア植民地の首都にすると、今日のような大都市に発展した。これもまた、植民地国家時代における東南アジアの変容の一つなのである。

伝統経済から資本主義経済へ——経済変容

経済もさまざまな変容を遂げたなかで、現代につながるもっとも重要なものが、資本主義が持ち込まれたことである。土着国家時代は、大河のデルタ地域は熱帯モンスーン気候と豊かな土壌を利用した稲作、草原地域は牧畜、山岳地域は焼き畑、海岸地域は漁業など、住民は自給自足の伝統経済の下で生活していた。むろん、植民地化前から、東南アジアでも貴重な産品や工芸品の域内、もしくは世界各地との貿易もおこなわれていたが、輸出を目的にした大規模な商品経済が発達することはなかった。しかし、植民地国家時代になると東南アジアの経済活動が大きく変わった。

ヨーロッパ諸国の植民地化の第二段階の目的が、東南アジアの豊かな土地を利用した一次産品開発をおこない、これらを輸出して利益を得ることにあったのはすでにみた。イギリスはミャンマーを植民地にすると、それまで雨季の洪水のために稲作が難しかった南部(下ビルマ)で、排水施設などを整備して一大稲作地帯に替え、コメを輸出して膨大な利益を得た。下ビルマのコメの輸出は、一八七〇年代初めは四〇万トン弱に過ぎなかったが、一九二〇年代になると三〇〇万トンを超えた。フランスはインドシナ植民地のうち、トンキン、アンナン、カンボジア、ラオスを保護領にしたのに対し、唯一コーチシナ（ベトナム南部）を直轄領にしたが、その理由は、インドシナ植民地のなかで、コーチシナが一次産品のもっとも豊かな地域だったことにあった。

同様に、イギリスもマレーシア植民地で、スズやゴムの生産地として重要な四つの州（ペラ、スランゴール、ヌグリ・スンビラン、パハン）を一八九六年に「連合マレー州」として直接統治下に置いたが、それ以外の資源が乏しい州は「非連合州」として間接統治下に置いた。アメリカも、フィリピン植民地で、中部のネグロス島、南部のミンダナオ島などで砂糖キビ農園やバナナ農園など大規模な一次産品開発を進めた。

過酷な収奪——一次産品開発

ヨーロッパ諸国が、一次産品開発を通じて極限といえるまでの経済収奪をおこなったなかで、そのための過酷で無慈悲とも言える制度が、オランダがインドネシアのジャワ島で、ファン・デン・ボス総督時代の一八三〇年に導入した強制栽培制度である。これは、世界市場向けの輸出農産品を一定量確保するために、稲作を生業にするジャワ農民に

ジャワ島の砂糖工場（1849年。提供＝alamy／PPS通信社）

対し、オランダ植民地政府が指定した作物の栽培を割り当て、政府が決めた安い栽培賃金で買い上げたものである（しかも、農民に支払われた栽培賃金の大半は、税金としてオランダ植民地政府に吸い上げられたと言われている）。オランダ植民地政府がジャワ農民に栽培を命じた主な作物は、コーヒー、砂糖キビ、アイ（藍）、タバコ、茶、胡椒などで、同制度による作物栽培の大半は一八七〇年代に廃止されたが、もっとも重要な産品のコーヒーは一九一七年まで続けられた。

これが語るように、東南アジアでは植民地になると、各地で輸出向け商品作物の大規模な一次産品開発がはじまった。マレーシアはゴムとスズ、インドネシアはコーヒー、砂糖キビ、ゴム、フィリピンは砂糖、マニラ麻、タバコ、パイナップル、バナナ、ベトナムはゴム、コメ、ミャンマーはコメ、カンボジアはゴム、などが主なものだった。植民地化を免れたタイでも、チャオプラヤー川下流のデルタ地域で輸出向けの大規模なコメ開発がはじまり、バンコク周辺は一大稲作地帯になった。タイのコメ輸出は、バウリング条約により貿易の自由化を認めた一八五五年は五万トンほどだったが、一九世紀末には一〇倍の五〇万トンほどにもなったのである（その大半は、マレーシアなど出稼ぎ労働者が多い東南アジア域内向けだった）。

作物などを、自家消費のためでなく、商品として売るために作ることは商品経済と呼ばれるが、商品経済は資本主義経済の別名でもある。ある国が一つや二つの一次産品に特化した経済構造は「モノカルチャー」と呼ばれる。東南アジア諸国は、資本主義経済の下で特定作物に特化することを強いられて、モノカルチャー型経済になったのである。ただ、これは、アフリカやラテン・アメリカなどの植民地も同様であり、例えば、アフリカのガーナはココア、ラテン・アメリカのキューバはタバコと砂糖キビに特化する経済構造に転換している。東南アジアにおける資本主義経済の導入とモノカルチャー化は、この時代に世界各地の植民地で起こった一環だったのである。

東南アジア諸国の経済分裂——二重経済構造

東南アジアは外部強制により、自給自足を原理にする伝統経済から、一次産品を輸出する商品経済、すなわち資本主義経済（近代経済）へと歴史的転換を遂げた。しかし、東南アジア全域が資本主義経済に組み込まれたのではなく、むしろ、その枠外にいた地域や国のほうが多かったことも事実だった。

例えば、フランスは山岳植民地ラオスでは、ほとんど一次産品開発をしていない。そもそも、フランスがラオスを植民地にした目的の一つは、中国貿易のための南シナ海ルートをライバルのイギリスが押さえたので、ホー・チミン市の少し南で南シナ海に流れ込むメコン川を船で遡上して、カンボジアとラオス経由で中国貿易をおこなうことにあった。しかし、植民地化後の調査で、ラオス南部に落差が大きいコーン瀑布《ばくふ》などの難所が何ヵ所かあり、大型船舶の航行が不可能とわかると、フランスはこのルートの運航を断念し、また、平地もなく資源もないラオスの開発をほとんどしなかった。これもあり、インドシナ植民地（ベトナム、カンボジア、ラオス）の輸出額に占めるラオスの比率は一％強に過ぎなかったのである（これは、教育分野でも同様であり、フランスは現地人官僚を育成するために、一九〇七年にハノイにインドシナ大学を創設したが、一九三七／三八年の学生数は、ベトナム人の五四七人に対し、カンボジア人は四人、ラオス人は、わずか二人だけだった）。

そして、大規模開発がおこなわれた国でも、開発は、一次産品開発に適した一部の地域に限られ、大半は資本主義経済の枠外に置かれて、それまでの伝統経済が続いたのである。

このように、東南アジアは資本主義経済に組み込まれた国や地域と、そうでない国や地域の二つに分節し、近代経済の下で単純労働者として生活する住民と、伝統経済の下で自給自足の農業などで生活する住民が併存する状態になり、二つの地域の住民が接点を持つことはなかった。一つの国のなかで伝統経済部門と近代経済部門が併存して、両者に何のつながりもない状態は「二重経済構造」と呼ばれるが、これは、東南アジアのほぼすべての国に当てはまった。この植民地国家時代に起因する地域的な経済分裂と民族間の経済格差が、独立後に東南アジア諸国が、その是正に苦闘する歴史的要因の一つだったのである。

中国人とインド人出稼ぎ労働者の到来——社会変容

現在、東南アジア諸国のうち、インドネシア、タイ、マレーシアにそれぞれ約六〇〇万人の中国系国民の華人がいる（ただ、国民全体に占める比率はインドネシアが三％ほど、タイが一〇％ほど、マレーシアが二三％ほどと違う）。なぜ、東南アジアに華人がいるのかといえば、東南アジア各地で大規模な一次産品開発がおこなわれると、出稼ぎ労働者として多数の中国人とインド人が流入したことにあった。中国人で外国に出稼ぎに出かけた人は華僑と呼ばれたが（インド人は印僑）、東南アジア諸国が独立すると現地国籍を取得して華人（インド人は、インド系人）になった。華人は出稼ぎ中国人の末裔なのである。重要なのは、これを一因に、東南アジアがそれまでの単一民族型社会から多民族型社会へと転換したことであり、これが社会分野における最大の変容である。

中国人の出稼ぎ労働者の華僑は（一時的に外国に滞在する中国人の意味）、中国南部の華南地方の福建省、広東省、海南省出身者が大半を占めた。植民地時代に約四〇〇〇万人の中国人が世界各地に出稼ぎに出かけたと言われているなかで、約七〇%が中国から近い東南アジアに集中した。華僑は、イギリス植民地、フランス植民地、オランダ植民地と、植民地宗主国に関係なくどの国にも出かけ、ヨーロッパ人や中国人などが経営する農園やスズ鉱山、それに港湾などで労働者として働いた。また、人数は少ないものの、貿易商や現地人相手の小売商売を営む人もいた。彼らは、働いて得たお金を故郷に残してきた家族に送金する者が多く、その心は出稼ぎ先の東南アジアではなく、故郷の中国にあった。しかし、東南アジアの独立後の経済開発との関連からして重要なのは、植民地国家時代に、労働者や商人として働いて資本蓄積を果たした華僑のなかから、企業を創って経済開発に参加する者が現れたことである。第五章でみることにする。

インド人も、中国人とほぼ同じ約四〇〇〇万人が世界各地に出稼ぎ労働者として出かけたが、中国人と違い、出稼ぎ先国はイギリス植民地が多かった。東南アジアではミャンマー、マレーシア、シンガポール、南太平洋ではフィジー、それに、インドと地理的に近いアフリカのケニア、タンザニア、南アフリカなどがそうである。植民地時代に多くの中国人とインド人が東南アジア各地に出稼ぎ労働者として到来したなかで、ほとんどの国は中国人が多かったが、インドと地続きのミャンマーは唯一インド人が多い国だった（とりわけ、下ビルマの契約農業労働者）。また、中国人がほぼ例外なく単純労働者や商人として働いたのに対し、インド人は単純労働者や商人に加えて、さきほどみたように、東南アジアのイギリス植民地政府の下級役人や警官などの仕事に就く者もいて、植民地国家の支配体制を下支えしたことに特徴と違いがあった。

単一民族型社会から多民族型社会へ

序章でみたように、土着国家時代は、一つの民族が一つの国を創るのが一般的だったが、植民地国家時代に中国人やインド人などが出稼ぎ労働者として流入し、東南アジアが独立すると、大半が国籍を取得して定着したので、ほぼすべての国が単一民族型社会から多民族型社会へと転換した。ただ、実際には、単一民族型社会から多民族型社会への転換には、二つのパターンがあった。

一つは、いまみた、中国人とインド人の流入であり、その典型国がマレーシアである。序章でみたように、一五世紀初めにスマトラ島南部からの移住者が創ったマレーシアは、住民はマレー人、マレー語、イスラームからなる単一民族型社会だった。しかし、イギリス植民地時代にスズやゴムなどの大規模開発がおこなわれると、マレー人の人口が少なかったこともあり、中国とインドから多数の出稼ぎ労働者が押し寄せた。中国人は、福建語や広東語など中国語方言を話し、仏教や道教の信者が多く、インド人は、南インドのタミル地方出身者が大半を占め、タミル語を話しヒンドゥー教の信者がほとんどだった。この結果、マレーシアは、マレー人（六二％）、中国人（二三％）、インド人（八％）の三つの民族からなる、多民族型社会に変容したのである。

もう一つは、土着国家の国境を無視した、植民地国家の領域の策定である。植民地化前の東南アジアは、例えば、ミャンマーの場合、平原地域にビルマ人が国を創り、インドや中国やタイなどとの山岳国境地域に、シャン人、カレン人、アラカン人、モン人、チン人などの少数民族の国があり、二つのタイプの国は、侵略や征服はあったものの棲み分けていた。しかし、イギリスが、ビルマ人の国と少数民族の国を一つにしてイギリス植民地にしたので、ミャンマーは多民族型社会へと変容したのである（これ以外にも、植民地に定住したヨーロッパ人や、ヨーロッパ人とアジア人双方の流れをくむユーラシア人もいた）。

ここで重要なのは、独立にさいして、マレーシアとミャンマーの独立指導者が、植民地化前の単一民族型社会ではなく、植民地時代にできあがった多民族型社会を現代国家の単位や領域にしたことである。これを一因に、多くの国で独立後、分離独立運動や民族紛争が発生するが、それは第三章でみることにする。

貧困地域への転落

オランダが経済利益を極大化するために、インドネシアで強制栽培制度を導入したことをみたが、オランダの経済収奪がどのようなものか、数字で確認できる。一八五〇年のインドネシア植民地からの収入は、オランダ本国政府の収入の一九%に過ぎなかったが、一八五一〜六〇年には三二%にも上ったのである。この膨大な利益によりオランダ本国の財政収支が改善されただけでなく、産業革命の原資にもなった。これはインドネシア側からみると、富を収奪された、換言すると、貧しくなったことを意味した。

この構図は、東南アジアだけでなく、ヨーロッパ諸国の植民地になった世界各地でみられたものであり、それを数字で確認すると、つぎのようになる。ヨーロッパ諸国の世界大航海がはじまった頃、一五〇〇年の世界各地域・国の国内総生産（GDP）の比率は、中国が二五・〇%、インドが二四・五%、日本が三・一%、その他のアジアが一二・七%、そして、西ヨーロッパが一七・九%で、中国とインドだけで世界の約半分、アジア全体では六五・二%を占めていた。しかし、植民地支配がほぼ終焉した一九五〇年には、西ヨーロッパが二六・三％、アメリカが二七・三％と大幅に増えたのに対し、中国が四・五％、インドが四・二％、日本が三・〇％と低下し、アジア全体でも一八・五％に落ち込んだ（マディソン『経済統計で見る世界経済2000年史』、三一〇頁）。二つの数字に占める東南アジアの比率は不明だが、一五〇〇年は中国、インド、日本を引いた、東南アジアを含むその他のアジアは一二・七％だったが、一九五〇年には、約半分に近い六・八％にまで減少したのである。

抑圧された民族独立運動

植民地国家時代に、東南アジアは厳しい政治管理下に置かれて、経済収奪に苦しんだが、二〇世紀前後になると、いくつかの国で民族運動や独立運動が起こった。

ベトナムは、その一つである。一九〇四〜〇五年の朝鮮の支配をめぐって勃発した日露戦争で、アジアの新興国日本がヨーロッパの軍事大国ロシアに勝利すると、日本をモデルに仰ぐ民族運動が起こった。民族主義者のファン・ボイチャウが主導して、日本に若い留学生を送る「東遊運動」が進められ、一九〇六〜〇八年に二〇〇人を超えるベトナム人留学生が日本で学んだ。

しかし、留学生が帰国後、独立運動を進めることを懸念したフランスが、一九〇七年に締結された日仏協約をたてに、日本政府に対して在日ベトナム人の国外追放を要請すると、日本政府はフランスとの関係を優先させた。一九〇九年前後に留学生は日本を去り運動は終わったのである（一九〇九年に日本を去ったファンは、その後、日本を欧米諸国と同じ、アジアの敵とみなすようになった）。一九三〇年には、ホー・チミンを中心にベトナム共産党が創られて、ベトナム北部で独立蜂起をしたが、フランスに鎮圧され、八三人が処刑された。

植民地化前には土着国家がなかったフィリピンも、その一つである。一八八二年にスペインに留学して医学を学んだ知識人ホセ・リサールが、一八八七年にフィリピンにおけるスペイン修道会の腐敗や抑圧を告発する小説を書くと（これは、プロパガンダ運動と呼ばれた）、フィリピン人の民族ナショナリズムが鼓舞されて、一八九六年八月に「フィリピン革命」と呼ばれる武力独立闘争が勃発した。しかし、革命がはじまると、リサールはスペインによって処刑され、ボニファシオやアギナルドが率いた秘密結社カティプーナン（正式名は、人民の息子らのもっとも気高く、もっとも尊敬すべき結社）の武力蜂起も、スペインから派遣された軍隊に鎮圧された。

その後、スペインに代わって一八九八年に新たに植民地宗主国になったアメリカに対しても独立闘争が起こり、一八九九年一月に「フィリピン共和国」を宣言したが、一九〇二年には抑圧されたのである（ただ、六年におよんだスペインとアメリカを相手にした独立闘争は鎮圧されたが、この過程でフィリピン人の国民意識が形成されたと言われている)。

インドネシアも民族独立運動が起こった国の一つである。一九二〇年に、コミンテルンが派遣したオランダ人共産主義者スネーフリートの指導の下、アジアで最初の共産党のインドネシア共産党が創られ(中国共産党よりも一年早い)、一九二七年には、スカルノが民族主義政党のインドネシア国民党を結成して、独立運動をはじめた。インドネシア共産党は一九二六年にジャワ島とスマトラ島で武装蜂起したが、オランダ植民地政府に弾圧され、一万三〇〇〇人が検挙されて、一六人が死刑、四五〇〇人が禁固刑になった。

このように、東南アジア各地の民族運動と独立運動はすべて弾圧・抑圧されたが、しかし、これが第二次世界大戦後の独立につながったことも事実だった。

植民地国家の「くびき」

土着国家時代と植民地国家時代の東南アジアをくらべて気づくのは、つぎのことである。土着国家時代には、王位継承などをめぐる内紛がしばしば発生したし、強大な国が近隣国を侵略することも、いわば日常茶飯事であり、東南アジア各地で侵略戦争や国の栄枯盛衰が絶えることがなかった(一八世紀にタイとミャンマーが「定期的」に侵略戦争したことを想起してほしい)。それが、植民地国家時代になると、植民地支配に対する農民などの局地的な抵抗運動や反乱をのぞくと（一九世紀末にインドネシアのジャワ島で発生した、宗教と結合した農民のサミン運動や、一九三〇年にミャンマーで発生したサヤー・サン率いる農民反乱など）、植民地国同士の戦争、それに東南アジアの国同士の紛争が消えて、平和な状態になった（ただし、ポルトガルとオランダ、オランダとイギリスのあいだでは、一時期、相互の植民地の奪い合いが起こった）。

東南アジアは、土着国家の「戦争の時代」から一転して、植民地国家になると「開発の時代」になったのである。しかし、この平和は、植民地宗主国が、一次産品開発や貿易など経済搾取を極大化するためのものでしかなかったこと、開発も、東南アジアの住民のためではなく、もっぱら自国の利益のためだったことは言うまでもないことである。

植民地国家が、半永久的支配を目的に構築されたものだったので、東南アジアがこの「くびき」を自力で抜け出すのは、不可能であるように思われた。しかし、第二次世界大戦後に東南アジアは独立し、しかも、土着国家の伝統的支配者ではなく、普通の人びとが主役の現代国家が登場することになる。そのさい、自らの意図は別として、結果的に東南アジアの独立に一つの役割を果たしたのが、日本だったのである。

第二章　日本の東南アジア占領統治——一九四一～一九四五年

二〇世紀に入ると、とりわけ、ヨーロッパ諸国が相互に戦った第一次世界大戦（一九一四～一八年）を契機に、日本の東南アジアへの関与がはじまる。その頂点が第二次世界大戦における占領統治だった（一九四一年一二月～四五年八月）。本章では二〇世紀前半期の日本の東南アジア関与がどのようなものであり、ヨーロッパ諸国の植民地下にあった東南アジアにどのような影響を与えたのか、みることにする。

1　二〇世紀前半期の日本と東南アジア

日本人町――近代以前の交流

時代が少しさかのぼるが、一定数の人びとによる日本と東南アジアの交流がはじまったのは、室町時代末期の一六世紀後半から徳川時代初期の一七世紀初頭にかけてである。朱印船貿易がおこなわれ、日本人町が誕生したのである。

この時期に東南アジアとの貿易がおこなわれた理由は、中国（明）が海禁政策により日本との貿易を禁止したので、東南アジアで中国産品や東南アジア産品を入手するためだった。朱印船貿易関係者が商品調達のために現地に滞在したことに加えて、豊臣秀吉と徳川家康がキリスト教を禁圧したので、多くのキリシタンが東南アジアなどに逃れた（あるいは追放された）。ヨーロッパ諸国が貿易のために東南アジアに到来したのとほぼ同じ頃に、フィリピンのマニラ、タイのアユタヤ、ベトナムのホイアン、カンボジアのピニャールなど、東南アジア各地で、多いところでは数千人規模の日本人町ができたのである。

　彼らは一ヵ所にまとまって居住し自治生活を送ったが、一六三〇年代に、徳川幕府が鎖国を断行して海外居住日本人の帰国を禁止すると（帰国者は死刑）、日本人町は自然消滅の運命を辿った。

からゆきさんの運命

　シンガポール北東部のヨー・チューカン通りを入った静かな住宅街の一角に日本人墓地がある。片隅には二〇世紀初めに、大半が二〇歳前後で亡くなった四〇〇人ほどの若い女性の共同墓碑がある。彼女たちは、「からゆきさん」（唐行きさん。当時の日本は唐＝外国とみていたので、外国に行った人の意味）と呼ばれた売春婦の人びとだが、なぜ、シンガポールに多くの若い女性がいたのか。

　徳川鎖国時代に日本と東南アジアとの交流は途絶えたが、明治維新を契機に、日本はヨーロッパに倣った近代化を進め、アジアで唯一経済発展した国になった。しかし、発展途上国の顔も残っており、その象徴とも言えるのが、九州北部や西部地方などの貧しい農村の若い女性が、東南アジアの港町などに売春婦として出かけたことだった。なぜ東南アジアだったかといえば、第一章でみたように、東南アジアがヨーロッパの植民地になると一次産品開発がおこなわれて、中国人やインド人など多くの男性出稼ぎ労働者が集まったこと、一次産品貿易のために世界各地から数多くの貿易船が寄港して、乗組員はほとんど男性だったことにある。当初は、「猪花《ちよか》」と呼ばれた中国人売春婦が登場したが、その後、からゆきさんも加わったのである。

からゆきさんの街は、シンガポール、バンコク、クアラ・ルンプール、マニラ、ジャカルタ、さらにはボルネオ島の小さな港町サンダカンなど、東南アジアの主要都市に誕生した。そのなかで、人口最大の街が東南アジアの貿易拠点のシンガポールだった。一九〇二年に、シンガポールにからゆきさんは六一一人いたが、これは現地日本人の七七%を占めたので、いかに、この時期の交流がからゆきさん中心だったかがわかる。徳川時代初期の日本人町が、東南アジアにおける日本人社会の第一段階だとすると、からゆきさんの街は第二段階になる。

働いて得たお金を故郷の家族に送金したからゆきさんは、貴重な外貨の稼ぎ手とみなされたが（これは、第一章でみた、華僑やインド人と同じである）、日本が第一次世界大戦で戦勝国になり世界大国になると、現地の日本領事館や日本人会から、からゆきさんは「国辱」であるとみなされて禁止され、東南アジアから消えていった。奇しくも、からゆきさんも日本人町と同じ運命を辿ったのである。

九州の熊本県や長崎県の出身者が大半だったとはいえ、赤道からはるか北に位置する日本から赤道直下の熱帯の国シンガポールなど、東南アジアに出稼ぎにきた彼女たちが、当時の東南アジアをどのように見て、異郷の地での生活や運命をどのように感じたのか。筆者には想像することは難しいが、彼女たちが、二〇世紀初めのヨーロッパ植民地時代の東南アジアの地に生き、死んでいった日本人であることはまちがいない。

第一次世界大戦後の企業進出ラッシュ

からゆきさんが消えた後、東南アジアと深く関わったのが商社員などである。一九一四年に第一次世界大戦が勃発して、イギリス、フランス、オランダなど東南アジア植民地での経済活動が困難になると、その間隙《かんげき》をぬって日本の東南アジアへの経済進出がはじまったからである。一九一一年初めの日本の東南アジアへの輸出は約一七八〇万円だったが、一九一八年には一億五三五〇万円にも激増した。安価な雑貨や繊維製品の輸出、小売商人、からゆきさんに関連したさまざまな職業人、大商社などが進出した。インドネシアでは、日本人の小売商店は「トコ・ジュパン」と呼ばれて人気を博し、大商社は、日本の軽工業製品の輸出市場として東南アジアを利用した。また、フィリピン南部のミンダナオ島のダバオ付近での麻栽培、マレーシアでゴム栽培などをおこなう大企業や零細農業移民もいた。これもあり、第二次世界大戦がはじまる前の時期における日本からの投資は、マレーシアとフィリピンが群を抜いて多かったが、この時期の東南アジアとの交流は商社が中心だったのである。それがどのようなものか、つぎの数字がよく語っている。東南アジアの中継貿易地シンガポールは、第一次世界大戦前に日本企業はわずか二社だけだったが、第一次世界大戦が終わった一九一八年に一一〇社、一九二一年には二〇〇社ほどに激増したからである。

2　東南アジアの占領と支配

日本軍の「南進」

商社員の後、東南アジアと関わったのが日本軍兵士である。彼らは、東南アジアを占領するために動員された人びとであり、その目的は、日本が必要とする一次資源の確保にあった。日本は、一八九五年の台湾を端緒に、一九一〇年に朝鮮、一九三二年に満州国と東アジアの植民地化を進めると、一九三六年の国策大綱で、中国沿海部と東南アジアを日本の支配下に置くとした。

東南アジアを支配下に置く目的は、アメリカなどの禁輸措置などにより、日本の軍事行動や産業活動に不可欠な鉄、石炭、石油、ゴムなどの一次資源を調達できなくなったので、東南アジアで確保するためだった（これは「南進政策」と呼ばれた）。とりわけ、これらの資源が豊富な、オランダ植民地インドネシアとイギリス植民地マレーシアが重要地域とされた。日本軍が東南アジアに侵攻する直前の一九四一年一一月に策定した「南方占領地行政実施要領」は、「作戦に支障なき限り占領軍は重要国防資源の獲得および開発を促進すべき措置を講ずるものとす。占領地において開発又は取得したる重要国防資源は之を中央の物動計画に織り込むものとし……」（歴史学研究会編『世界史史料』一〇巻、三七二頁）として、これを明瞭に述べている。

一九三九年九月にドイツがポーランドに侵攻し、イギリスやフランスがドイツに宣戦布告をして第二次世界大戦がはじまったが、快進撃を続けるドイツにフランスが占領されると、日本は一九四〇年九月にフランス植民地政府の同意の下で、ベトナム北部に軍を進駐させた。その目的は、一九三七年の日中戦争の開始後、内陸部の重慶に移転した国民党の蔣介石《しょうかいせき》政府に向けた、欧米諸国の物資援助ルート（援蔣ルート）のうち、もっとも重要な北ベトナム経由ルート（ハイフォン―昆明―重慶）を遮断するためだった。一九四一年七月には、一次資源が豊富なベトナム南部にも軍を進駐させて、マレーシアとインドネシアへの進出の足場にした。

東南アジアでの戦闘

しかし、日本軍のベトナム進駐は、ベトナムとは南シナ海を隔てたフィリピンを植民地に持つアメリカとのあいだで戦争がはじまる直接の契機になった。一九四一年一二月八日、日本の空軍がアメリカ・ハワイの真珠湾に停泊中の艦隊を攻撃してアジア・太平洋戦争がはじまったことは、よく知られている（その目的の一つは、同艦隊の東南アジア出撃を阻止することにあった）。しかし、実際には、約一時間前に日本は軍隊を、マレー半島東海岸のマレーシア北部の街コタバル、タイ南部のシンゴラとパタニに上陸させ、シンガポールを空爆し、フィリピンのマニラを攻撃したのである。このうち、シンガポールを攻撃したのは、日本軍が東南アジアを占領するさいの障害とみなされた、アジア最大のイギリス空軍基地と海軍基地を破壊するためだった。

日本は、東南アジアでの戦闘がはじまると、二ヵ月でフィリピン、マレーシア、シンガポール、そして、半年で他の東南アジアの国をほぼ無抵抗状態で占領し（ただし、フィリピンとシンガポールでは熾烈な戦闘が起こったが）、ヨーロッパ諸国の太平洋植民地も占領した。日本軍が快進撃できた一因は、東南アジアのヨーロッパ植民地宗主国がドイツに占領されるか（フランスとオランダ）、防戦を強いられて（イギリス）、東南アジアを防衛する軍隊を派遣できないことにあった。

占領下の三つの蛮行

日本は東南アジアを占領すると（タイは日本の同盟国となり、アメリカとイギリスに宣戦布告をした）、軍政を敷いて住民を厳しく管理し（軍政下に置かれたのは、フィリピン、インドネシア、シンガポール、マレーシア、ミャンマーの五ヵ国）、過酷な扱いをしたなかで、現在も東南アジアの人びとのあいだで生々しく記憶され、批判されているのがつぎの三つの行為である。

第一が、シンガポールの華僑虐殺である。日本は一九四二年二月にシンガポールを占領すると（占領後、昭南に改名した）、治安と秩序を確保するという名目で一八〜五〇歳の中国人男性を市内の数ヵ所に集め、「検証」と称して、反日主義者、共産主義者、親イギリスの者（その判断根拠の一つは英語を話せることだった）を選別し、被疑者をトラックに乗せて島の海岸地帯に連行して銃殺した。この行為の背景には、日本が一九三〇年代後半に中国沿海部の戦闘で苦戦した一因は、シンガポールなどの華僑が母国中国を支援したためと考えたことがあった。虐殺の犠牲者は五〇〇〇〜五万人と言われているが、その人数は現在でも定かではない。

第二が、フィリピンでの戦争捕虜に対する過酷な扱いである。日本は首都マニラを無血で占領したが、マニラ湾入り口のバアタン半島とコレヒドール島で、同地に退却したアメリカ軍とのあいだで激戦が起こった。日本は勝利すると一九四二年四月に、バアタン半島の八万人を超えるアメリカ人兵やフィリピン人兵の捕虜、それに民間人を、一一二キロメートルも離れた捕虜収容所まで徒歩で行進させた。彼らは炎天下での行進を強いられたので、暑さや疲労や飢餓を原因に、行進中に数千人が死亡し、捕虜収容所に到着した後も多数の死者がでた。これが「死の行進」である。

第三が、タイとミャンマーを結ぶ、「泰緬《たいめん》鉄道」建設労働者の強制徴用である。当初、日本のミャンマーへの軍事物資補給は海路が使われたが、連合国側が反撃に出て海路の安全性の確保が難しくなると、タイ経由の陸路でおこなうことにし、そのために、タイ西部とミャンマー東部を結ぶ約四一五キロメートルの泰緬鉄道を建設することにした。一九四二年六月末に建設がはじまり、当初の見込みよりも大幅に早く、翌一九四三年一〇月に開通した。

この短期間の突貫工事に動員された建設労働者は、日本軍建設部隊の一万二五〇〇人に加えて、連合軍捕虜兵が六万一八〇〇人（イギリス兵約三万人、オーストラリア兵約一万三〇〇〇人、アメリカ兵約七〇〇人など）、それに、東南アジアの一般労働者が約二二万人（ビルマ人が約一〇万五〇〇〇人、マレーシア人とジャワ人あわせて約八万人、タイ人が約三万五〇〇〇人）にも上り、一日に一四時間働かされた。

バアタン半島「死の行進」（提供＝毎日新聞社）

一般労働者は「ロームシャ」と呼ばれたが、その調達方法は、有無を言わせない連行や、高賃金を餌に連れてくるものだった。しかし、奥深いジャングルの気候風土は、強制動員された建設労働者の体に合わず、食事も乏しかったので、マラリヤが流行り、またコレラなどにより、連合軍捕虜兵に一万二〇〇〇人、一般労働者に四万二〇〇〇～一二万五〇〇〇人もの死者が出たので、泰緬鉄道は「死の鉄道」と呼ばれたのである（現在も、鉄道はタイ側の一三〇キロメートルが残り、観光用などに運行されている）。

大東亜共栄圏の形成

日本は、東アジアの一部、東南アジア、それに太平洋地域からなる広大な植民地や占領地を大東亜共栄圏と名付け（この呼称が使われたのは一九四〇年八月のことだった）、東南アジアを占領したのは、ヨーロッパの植民地支配から解放するためであると唱えた。東南アジアの一部の人びとのあいだでは、日本を解放者として歓迎する声もあったが、真の目的が、ヨーロッパ諸国と同様に、戦争や産業に必要な石油、ゴム、スズ、銅、鉛などの一次産品や鉱物資源の確保にあったことは、いまみたとおりである。

一九四三年一一月に東京で、占領後に親日政府が創られたミャンマー、タイ、フィリピン、満州国、中華民国（親日傀儡《かいらい》政権の南京の汪兆銘《おうちょうめい》政府）、それにシンガポールに創られた自由インド仮政府がオブザーバー参加して大東亜会議が開催された。

会議では、欧米諸国の植民地支配から脱却するために日本指導の下で協同することが確認され、また、大東亜共栄圏を担う人材育成のために、それより早い一九四三年二月に「南方特別留学生制度」が設けられた。その内容は、東南アジア諸国の若者を国費で日本に留学させて、最初は日本語と日本事情を学び、その後、大学や専門学校や陸軍士官学校などで学ぶというものである（三年間）。これを受けて、一九四三年夏に第一期生一一六人（内訳は、インドネシアから五二人、フィリピンから二七人、ミャンマーから一七人、タイから一二人、マレーシア・シンガポールから八人）、一九四四年夏に第二期生八七人が来日した。これは、日本がアジアを軍事的、経済的だけでなく、政治的、社会的、文化的にも主導しようとしたことを語るものだが、一九四五年の敗戦でこれらの計画は中途で終わった。

東南アジアの「独立」

日本が必要とする一次資源を確保するために東南アジアを占領したのは、ヨーロッパ諸国の植民地化とまったく同一だが、しかし、日本は、表向きは、東南アジアを占領したのは独立を支援するためであると唱え、そのために二つの行動を採った。

一つは、東南アジアのいくつかの国を「独立」させたことである。一九四二年八月に反英運動家のバ・モウを国家元首に据えてミャンマー、一九四三年一〇月に親日のホセ・ラウレルを大統領に擁立してフィリピン、一九四五年三月にベトナムのバオダイ皇帝、カンボジアのシハヌーク国王、ラオスの国王に独立を宣言させた。しかし、日本の戦争遂行や経済活動に不可欠な資源が豊富なインドネシアとマレーシアは永久に保有するとされ、最後の段階まで除外されたし、これらの独立宣言は日本の敗戦後、無効とされた。

もう一つは、軍の創設である。インドネシアは一九四三年一〇月にジャワ島で、日本が主導してジャワ防衛義勇軍（ＰＥＴＡ、郷土防衛義勇軍とも呼ばれた）を創った。当初、兵士は五〇〇人ほどだったが、日本敗戦直前には三万三〇〇〇人に増えた。ミャンマーでも、アウンサンやネ・ウィンなど、「三十人の志士」と呼ばれた、ラングーン大学関係者などの若者を、戦争がはじまる前の一九四一年三月に、密かにミャンマーから連れ出して、中国の海南島で軍事訓練を施し、同年一二月にタイのバンコクで約二〇〇人からなるビルマ独立義勇軍(BIA)を創った。義勇軍は、日本軍とともに一九四二年一月に、ミャンマー侵攻に加わり、創設から半年後には約一万人に膨れ上がった。

ただ、軍の創設・育成は、東南アジア諸国の独立のためだけでなく、反攻に転じた連合国軍に対して日本軍だけでは不十分なので、これらの軍と共同で当たるという別の目的もあった。また、日本が創設した軍は、日本の敗戦後、インドネシアではインドネシア軍の中核として対オランダ独立戦争を戦ったし、日本が育成した軍人のなかには、後に国家指導者になった者もいた。インドネシアのスハルト、ミャンマーのクーデタで実権を握ったネ・ウィンは、その代表者である。

日本への抵抗運動

他方では、東南アジア各地で日本の占領と厳しい住民管理に反発して武力反乱が起こった。マレーシアはその一つである。日本は一九四二年初めにマレーシアを占領すると、日本の侵攻に抵抗しなかったマレー人とインド人を優遇し、中国人を抑圧して、民族差別政策を採った。そのため、中国人のあいだで、マラヤ共産党を軸に武装組織の抗日義勇軍が創られ、マレーシア各地でゲリラ活動をおこなった。

フィリピンでも、日本の占領直後に、フィリピン共産党が抗日人民軍のフクバラハップを結成してゲリラ活動をおこなった（マラヤ共産党とフィリピン共産党ともに、日本の敗戦後、運動の矛先を植民地政府や独立政府に向け、共産主義国家の樹立をめざして武装蜂起したが鎮圧された）。

日本が軍の創設を主導したミャンマーでも、抗日武力運動が起こった。一九四四年七月に日本軍がインド東部への侵攻を試みたインパール作戦が失敗すると、抗日運動が本格化した。同年八月、ビルマ共産党、人民革命党、ビルマ軍からなる抗日組織の反ファシスト人民自由連盟（パサパラ）が創られ、指導者にアウンサンなど三人が就任して抵抗運動をおこなった。それだけでなく、日本の同盟国のタイも、日本と同盟を結んださいに、日本の進出に批判的なプラーセートやプリーディーを指導者に抗日地下組織の「自由タイ」が創られて、抵抗活動をおこなったのである。

日本の占領統治という苦い学習機会

一九四一〜四五年のあいだ、日本軍政下で東南アジアの人びとは苦しんだが、しかし、日本の占領統治が東南アジアの独立に何の意味も持たなかったのではない。日本軍が東南アジアからヨーロッパ勢力を放逐したこと、そして、その後の日本の占領統治がヨーロッパ人以上に過酷だったので、東南アジアの人びとのあいだに外国支配からの脱却、すなわち、独立を渇望させたことがそうである。いまみた、ミャンマーの反ファシスト人民自由連盟は、一九四五年三月に抗日蜂起の独立宣言をおこない（日本軍に対する宣戦布告）、つぎのように述べている。

われわれは独立闘争を長期にわたりさまざまな方法で展開してきたが、その最終段階において、ファシスト日本によって示された独立の約束に気が動転し、独立獲得への希求から日本軍とともに英国との闘いに加わった。その結果、国中が一丸となってビルマ独立義勇軍を歓迎・協力し、独立闘争に参加したが、日本のファシストたちはビルマに居座り、傀儡政府をつくり、ビルマに住む多くの人々を搾取するに至った。彼らは独立という言葉を見せびらかし、われわれの人権、豊富な資源を、戦争目的のために取り上げたのである（歴史学研究会編『世界史史料』一〇巻、三八八頁）。

日本の占領統治は、東南アジアの人びとが独立を意識する苦い学習機会となり、第二次世界大戦が終わると、東南アジアは独立の道をあゆみはじめていくことになる。

日本の賠償金

一九四五年八月に日本が無条件降伏して、東南アジアの占領支配は終わったが、後始末が残っていた。それが、日本と戦った連合国（欧米諸国やアジア諸国）に対する賠償金の支払いである（賠償金交渉に先立ち、占領時代の日本の在外資産を現物で賠償金として提供することになり、インドネシアは九二〇〇万ルピアと見積もられ、これは賠償金額から差し引かれた）。

東南アジアの賠償金支払いの対象国は、賠償金の支払いを義務づけた、サンフランシスコ講和条約が締結された一九五一年の時点で独立していた、ミャンマー、インドネシア、フィリピン、南ベトナムの四ヵ国だった。ミャンマーが最初の妥結国で、一九五五年に二億ドル、フィリピンは一九五六年に五億五〇〇〇万ドル、インドネシアは一九五八年に二億二三〇〇万ドル、南ベトナムは一九五九年に三九〇〇万ドルが支払われた（これ以外にも、経済協力金などが供与された）。

しかし、実際には、これ以外の国、タイ、マレーシア、シンガポール、北ベトナム、ラオス、カンボジアに対しても、実質的に賠償金、正確には、無償経済協力金が支払われたのである。タイは、第二次世界大戦のさい、日本が軍事費調達などのためにタイから有利な条件で借り入れた「特別円」の補償金として、一九五五年に五四億円、マレーシアには一九六七年に八一六万ドルの無償供与、シンガポールにも一九六八年に八一六万ドルの民間経済協力金が支払われた。日本は、北ベトナムに対しては、南ベトナムへの賠償金支払いで解決済みという態度を採っていたが、一九七六年にベトナムが統一されると、経済援助の名目で一三五億円、そして、賠償請求権を放棄したラオスに一九五九年に二八〇万ドル、カンボジアには一九五九年に四二〇万ドルが支払われた。

ただ、交渉は必ずしもスムーズだったのではなく、当初、フィリピンは二〇億ドルを要求し、日本は二億五〇〇〇万ドルとしたので難航したし、インドネシアも当初の要求額は一七五億ドルにも上ったのである（妥結額の約七八倍）。これらの賠償金はほとんどの国で、第五章でみる経済開発資金の一部になった。

第三章　独立と混乱——一九四五～一九六四年

日本の占領支配が終わった後の一九四五〜六四年の東南アジアのキーワードは、「独立」と「混乱」である。

独立は、言うまでもなく、ヨーロッパ諸国の植民地を脱却して政治的自立を回復することである。ただ、独立時期や独立過程はそれぞれに違い、すんなり独立した国もあれば、数十年におよぶ独立戦争の末に、ようやく独立した国もあった。そして、独立するとどの国も、多民族型社会の国家統合と国民統合に努めた。国家統合は、民族や宗教や言語の違いなどを原因に、国の一員であることを拒否する社会集団に対し、それを認めずに独立時の国家領域を維持すること、国民統合は、民族や宗教や言語が異なる国民のあいだに、我々は仲間であるという国民意識を醸成することである。

しかし、政府の性急で強引な国家統合と国民統合に対して、多くの国で軋轢《あつれき》や反乱や紛争が起こり、政治混乱に陥った国が少なくなかった。これが混乱である。

一九四五〜六四年の東南アジアは政治の時代だったのである。

1　現代国家の誕生

第二次世界大戦後の独立

第二次世界大戦が終わると東南アジア諸国は独立したが、これは、ヨーロッパ諸国に植民地化された地域のなかでは、一九世紀初めに多くの国が独立したラテン・アメリカについで、早い部類に属した（アフリカは一九六〇年代と遅い）。

しかし、独立時期は大きく二つのグループに分かれた。一つが早期に独立した国々である。インドネシアの一九四五年八月、ベトナム（北ベトナム）の一九四五年九月の独立宣言（ただし、両国では独立戦争が起こったが）、フィリピンの一九四六年七月、ミャンマーの一九四八年一月である。

もう一つが、カンボジアとラオスの一九五三年、マレーシアの一九五七年、シンガポールの一九六三年（イギリスからの独立。正式な独立は一九六五年）、ブルネイの一九八四年、東ティモールの二〇〇二年と、遅い国々である（タイは植民地ではなかった）。

二つのグループに分かれた理由は、第二次世界大戦後、植民地宗主国が独立を容認したかどうか、それに、独立にさいして、東南アジア諸国の国民のあいだでどの政治社会集団が政権を担うのか決まっていたかどうかにあった。すなわち、植民地宗主国が独立を認め、かつ、国民のあいだで独立後の政権の担い手が合意されていた国は早く独立し、植民地宗主国が独立を認めなかった、あるいは、国民のあいだで独立後の政権の担い手が定かでなかった国は独立が遅かったのである。

独立運動の担い手

東南アジア諸国の独立運動はどの政治社会集団が担ったのだろうか。東南アジア諸国に共通する点として挙げられるのは、土着国家の支配者の王族ではなく、植民地国家が創った官僚養成学校などで学んだ官僚、それに、植民地宗主国の大学などで学び、医師や弁護士などの教育を受けた専門家や知識人が担い手だったという点である。

官僚や知識人の多くは、植民地宗主国の期待どおりに植民地国家を支えたが、一部の人びとは留学先などで反植民地意識に目覚め、独立運動に身を投じたのである。ここでは、東南アジア諸国の独立指導者のうち、代表的とも、対照的とも言える三人、ベトナムのホー・チミン、シンガポールのリー・クアンユー、インドネシアのスカルノの指導者に至る遍歴過程をみることにする。

独立運動家ホー・チミン——民族主義と共産主義の結合

ホー・チミン（一八九〇～一九六九年、一八九二年生まれとの説もある）は、ベトナム北部ゲアン省の村の貧しい儒学教師の子どもとして生まれた。生活のためにフランス植民地政府に職を得ることを考え、そのために、フランス本国の植民地官吏養成学校で学ぶことにし、一九一一年六月にフランス船の見習いコックとして渡航した。しかし、フランスでは入学申請手続きの不備により入学が認められず、アメリカ、イギリス、そしてフランスと、船員のアルバイト生活を強いられたが、その過程で世界各地からの留学生などとの交流を通じて民族主義と共産主義に目覚め、独立運動家としてのホー・チミンの遍歴がはじまったのである。

ホー・チミン（左から2人目、写真は1954年）

一九二〇年頃、フランス共産党に入党し、その後、モスクワのコミンテルンの国際共産主義活動に参加し、一九二四年にソ連から派遣された中国国民党使節団の通訳として中国の広州に渡り、当地で一九二五年にベトナム青年革命同志会を結成し、一九三〇年には香港でベトナム共産党を結成した（ただし、直後にインドシナ共産党に改称）。

そして、一九四〇年九月に日本軍が北ベトナムに進駐すると、ホー・チミンは一九四一年一月末、三〇年ぶりにベトナムに帰国してベトナム独立同盟を創り、中国国境地域のカオバンを支配下に置いた。一九四五年三月に日本がフランス植民地政府を倒すと、ベトナム独立同盟の支配地はベトナム北部六省に拡大し、同年八月に日本が敗れると、ベトナム民主共和国（北ベトナム）の独立を宣言したのである（ただ、ベトナムはフランス・アメリカと長い独立戦争を戦うことになる）。

独立指導者としてのホー・チミンは、民族主義と共産主義思想の結合に特徴があり、運動家としての経験は、フランス（欧米）—ソ連—中国と、ベトナム以外の地での遍歴を通じて得たものだった。

リー・クアンユー——反植民地意識の目覚め

リー・クアンユー（一九二三〜二〇一五年）は、シンガポールで会社員の子の華人四世として生まれた。日本占領中は、生活のために日本軍関係の報道機関で働いたが、第二章でみたように、日本軍がシンガポールを占領した直後の華僑虐殺で、リー・クアンユーもあやうく犠牲者の一人になるところだった。

日本の占領が終わった一年後の一九四六年九月に、弁護士になるためにイギリスに留学し、ケンブリッジ大学で学んだ（後に夫人となるマレーシア生まれの華人女性クワ・ギョクチューも、一緒にケンブリッジ大学で法律を学んだ）。

独立指導者リーはイギリスの地で誕生したものだった。すなわち、留学中にシンガポールなどからの留学生と交わる過程で反植民地意識に目覚め、シンガポール独立運動に一身を捧げる決意をしたからである。独立後にリーの片腕としてシンガポールの経済開発を演出する、植民地政府官僚として働いたゴー・ケンスィーも、同じ時期にロンドン大学で経済学を学んだ仲間の一人だった。

1959年総選挙時のリー・クアンユー（中央）

リーは一九五〇年八月に帰国すると法律事務所で働き、イギリス植民地政府に弾圧された華人労働組合指導者（共産系グループ）の弁護を引き受けたさいに、雄弁と厳しいイギリス批判により独立指導者としての地位を確立した。一九五四年に共産系グループと一緒に人民行動党を結成して書記長に就任し、一九五九年総選挙で同党が勝利すると自治政府首相に就任し、一九六三年にシンガポールはマレーシアの一州に加わり、植民地支配を終えたのである。リーの反植民地意識と独立意識は、日本占領下での苦境と、約四年のイギリス留学過程で醸成されたものだった。

独立指導者・スカルノ（写真は1950年）

独立運動闘士スカルノの運動手法

スカルノ（一九〇一～七〇年）は、ジャワ島東部の商業都市スラバヤで、ジャワ人の下級貴族身分の小学校教師を務める父の子として生まれた。ヨーロッパ人小学校など現地人エリートの学校で学んだ後、一九二五年に高原都市バンドンのバンドン工科大学を卒業して建築技師の資格を得た。

スカルノの場合、スラバヤの高校に入学したさいに、父親の友人のチョクロアミノトの家に下宿したことが、独立指導者スカルノ誕生の契機になった。チョクロアミノトは、一九一二年に設立されたインドネシアで最初の民族主義団体のイスラーム同盟の著名な指導者で、スカルノは彼から民族主義思想や政治運動の手法を学んだからである（スカルノは、チョクロアミノトの娘と最初の結婚をした）。

大学卒業後の一九二七年七月に、インドネシア国民党を創設して独立運動をはじめたが、スカルノの運動手法は、集会での言説を通じた大衆の啓蒙が主なものだった。オランダ植民地政府により逮捕・投獄（一九二九～三一年）、フローレス島や南スマトラのベンクル島への流刑（一九三三〜四二年）など弾圧を受けたが、しかし、これが独立運動闘士としてのスカルノの名声を高めるものとなり、とりわけ演説能力に長《た》けていたスカルノは、逮捕された時の裁判で、レトリックを駆使して激しいオランダ批判をおこないインドネシアの民衆を魅了したと言われる。

一九四二年三月に日本がインドネシアを占領すると、同年七月にスカルノは日本の手で流刑地からジャカルタに戻り、占領中は日本の占領支配への協力を余儀なくされたが、一九四五年八月、日本の敗戦とともに独立宣言をしたのである（ただし、インドネシアもオランダと独立戦争を戦った）。独立指導者スカルノは、もっぱらインドネシアの地で鍛え上げられたものだった。

「一つの祖国、一つの民族、一つの言語」――「国民意識」の形成

東南アジア諸国はこれらのカリスマ指導者の下で独立したが、しかし、一つの疑問が起こる。東南アジア諸国は植民地時代に単一民族型社会から多民族型社会に変容したことはすでに紹介した。では、民族や宗教や言語が異なる人びとのあいだに、どのようにして国民意識が形成されたのかということである。

これを説明してくれる国が、一九四五年に独立したさいに「多様性の中の統一」を国是

にしたインドネシアである。広大な地域、多様な民族と言語と宗教からなるインドネシアの人びとを、一つにまとめるうえで重要な役割を果したのが、一九二八年一〇月、スカルノ率いるインドネシア国民党が開催したインドネシア青年会議における「青年の誓い」宣言だった。

宣言は、「一、われわれインドネシア青年男女は、われらの血がしみ込んだひとつの郷土たる、祖国インドネシアを承認する。二、われわれインドネシア青年男女は、ひとつの民族たる、インドネシア民族を承認する。三、われわれインドネシア青年男女は、統一の言語たる、インドネシア語を承認し尊重する」（歴史学研究会編『世界史史料』一〇巻、一六一頁）、と述べた。これが有名な、「一つの祖国、一つの民族、一つの言語」のスローガンである。

その意味は、オランダ領東インドではなく「インドネシア」が我が国であり、ジャワ人やスンダ人やアチェ人ではなく「インドネシア人」が国民であり、ジャワ語やスンダ語やアチェ語ではなく「インドネシア語」が国語であるということにある。これにより、多様なインドネシアの人びとが、スカルノの下に一つにまとまったのである（ただし、すべての社会集団がそうだったのではなく、この後でみるように、独立後、イスラーム勢力や少数民族や地方勢力のあいだで分離独立運動が起こった）。

三つの民族の仲間意識——マレーシア

もう一つの国が、アジアの代表的な多民族型社会のマレーシアである。マレーシアはイギリス植民地時代に、土着民族のマレー人に加え、中国人とインド人が移民して、多民族型社会に転換したが、三つの民族住民は、それぞれ母語（マレー語、中国語、タミル語）を使って仲間同士で日常生活を送り、民族を超えた交流や仲間意識が生まれることはなかった。

しかし、イギリスがマレーシア植民地国家の下級官僚や専門家を育成する目的で、一部の現地住民に英語で授業をおこなうと、母語（民族）が違う人びとのあいだで仲間意識が芽生えた。そして、この仲間意識を一歩進めて、自分たちは何のために母語ではなく外国語（英語）で勉強しているのか自問したとき、その答えが、マレー人のためではなく、中国人のためでもなく、インド人のためでもなく、この三つの民族からなるマレーシアという国のためというものだった。ここから、たとえ民族が違っても我々は同じマレーシア人であるという仲間意識が生まれ、この社会エリートの仲間意識（国民意識）が、独立過程で一般の人びとにも広まったのである。皮肉にも、植民地国家を支える専門家を育成する教育が、多様な民族が一つにまとまる契機になったのである（ただし、マレーシアも独立後、マレー人と華人の民族対立が起こり、マレーシア人意識の醸成、すなわち、国民統合に苦闘する）。

対極的な二つの独立パターン

植民地宗主国の欧米諸国は、東南アジア諸国の独立に対して対極的な二つのグループに分かれた。一つが、もはや植民地の時代ではないとして独立を容認したアメリカとイギリス（フィリピン、ミャンマー、マレーシア、シンガポール）、もう一つが、日本の東南アジア占領で中断した植民地を復活しようとしたオランダとフランスとポルトガル（インドネシア、ベトナム、東ティモール）である。以下では、それぞれのグループの独立のしかたをみることにする。

もっともスムーズに独立したフィリピン

一八九八年にアメリカ植民地になったフィリピンは、すでに一九〇七年に将来の独立にむけた公選制のフィリピン議会が開設され、同年には東南アジアで最初の政党となる国民党が創られた。これは、アメリカがフィリピンの早期独立を認める姿勢だったことを語るものである。実際に、一九三五年に自治政府のフィリピン・コモンウェルスが発足し、約一〇年後の一九四六年七月の独立が約束されたが、日本の東南アジア侵略がはじまったため計画は中断した。しかし、第二次世界大戦後、約束通り一九四六年七月に独立し、アメリカの支援を受けた自由党のマニュエル・ロハスが大統領選挙で当選して、初代大統領に就任した。独立後のフィリピンは、大統領制、議会（上院と下院）、二大政党制（自由党と国民党）、などアメリカをモデルにした政治制度が導入されて、大統領は二つの政党からほぼ交互に選出された。フィリピンは東南アジア諸国のなかでもっともスムーズに独立した国となった。

「ビルマ・ナショナリズム」のミャンマー

ミャンマーは、一九三〇年にラングーン大学助手のバ・タウンなどが結成した政党、我らのビルマ協会（タキン党）が独立運動の中核を担ったが、タキンはビルマ語で「主人」を意味する言葉である。イギリス植民地時代は主人とはイギリス人のことであり、イギリス人はビルマ人に対して、自分たちをタキンと呼ぶことを強制した。それにもかかわらず、ビルマ人が創った政党がタキン党と呼ばれたのは、党員がイギリス人に反発して、ミャンマーの主人はイギリス人ではなく、我々ビルマ人であるとして、党員同士が名前の前にタキンをつけて呼び合ったことに由来する。そして、我らのビルマ協会という名称は、ビルマ人には、イギリス植民地支配に協力する「彼らのビルマ人」と、ミャンマーの独立を願う「我らのビルマ人」の二つのタイプがあり、我々タキン党員こそが我らのビルマ人であるとして、決められたものである。我らのビルマ協会とタキン党の名称には、ビルマ・ナショナリズムが強く脈打っている。

ただ、独立にさいしては、第二章でみた、日本占領末期に創られた抗日組織のパサパラが軸になった。一九四七年一月、タキン党とパサパラの二つの組織の指導者アウンサンが、イギリスで「アウンサン＝アトリー協定」を締結して、一年後の独立が決まる。そして同年四月におこなわれた制憲議会選挙で、パサパラが一般選挙のおこなわれた定数一八二議席のうち一七六議席を獲得して圧勝した。「独立の父」アウンサン（現在のミャンマーの指導者、アウンサン・スーチーの父）は、一九四七年七月に保守派政治家ウー・ソウの差し金で暗殺されたが、一九四八年一月に独立すると、タキン党育ちで、パサパラの新指導者のウー・ヌが初代首相に就任したのである（ウー・ソウは同年に死刑になった）。

政党主導のマレーシア、シンガポール

マレーシアもイギリスとの話し合いによって独立を達成したので、独立運動を政党が主導した。しかし、政党の結成の仕方は他の国と違っていた。すなわち、三つの民族が、他の民族に対して自分たちの利益を護《まも》ることを目的に、マレー人は統一マレー人国民組織

（UMNO）、華人はマレーシア華人協会（MCA）、インド人はマレーシア・インド人会議（MIC）を創ったからで、これが「民族政治」である。マレーシアでは、独立のさいに三つの民族の多くの人びとのあいだに、まだ仲間意識は生まれていなかったのである。しかし、独立政府を選ぶために実施された一九五五年総選挙で、三つの民族政党はマレーシア安定のために協調することにし、連合党を結成した。この結果、連合党は国会五二議席のうち五一議席（マレー人政党が三四議席、華人政党が一五議席、インド人政党が二議席）を獲得して圧勝し、一九五七年に独立すると、マレー人で王族出身のアブドゥル・ラーマンが初代首相に就任したのである（現在も、この三政党が核となって連携する連合党政府が続いている）。

シンガポールも話し合いにより独立したので政党が独立運動を主導したが、政治志向がまったく違う、リー・クアンユー率いる英語教育エリートグループ（イギリス志向）と華人労働組合指導者が率いる共産系グループ（中国志向）が登場した。しかし、シンガポールでも、二つのグループは戦略的見地から共闘して、一九五四年に人民行動党（PAP）を結成した。自治政府を選出するための一九五九年総選挙で、人民行動党は国会五一議席のうち四三議席を獲得して圧勝し、リー・クアンユーが三五歳で自治政府首相に就任した。そして、二年後の一九六一年に共産系グループが分裂して社会主義戦線を創り、人民行動党と激しく対立した。二年間続いた両党の死闘は、マレーシアの一州としてシンガポールが加盟した直後の一九六三年九月の州議会選挙で、人民行動党が五一議席のうち三七議席(社会主義戦線は一三議席)を獲得して決着がついた。

二年後の一九六五年八月、シンガポールはマレーシアから分離独立したが、実際には追放であり、その事情はつぎのようなものだった。一九六三年にシンガポールが加盟した直後から、マレーシアの運営をめぐってマレー人優位を唱えるマレーシア中央政府と、華人を平等に扱うことを主張するシンガポール州政府のあいだで対立が発生した。そのため、華人の利益を主張するシンガポールがマレーシアに留まるならば、マレーシアが分解してしまうと考えたラーマン首相によりシンガポールは追放されたのである(シンガポールでも、人民行動党政府が現在も続いている)。

インドネシア――オランダの独立抑圧行動

オランダとフランスは独立を認めなかったことから、インドネシアとベトナムでは独立戦争が勃発した。ポルトガルも、第二次世界大戦後も植民地の独立を認めないサラザール独裁政権が続き、ポルトガルが東ティモールの独立を容認したのは、一九七四年の民主化により民主的政権が登場した時のことだった(しかし、一九七六年に東ティモールはインドネシアに併合され、独立国家になったのは二〇〇二年のことである)。インドネシア独立の経緯はつぎのようなものだった。

日本敗戦直後の一九四五年八月一七日、スカルノが独立宣言をしてインドネシア共和国大統領に就任したが（副大統領は、スマトラ島のミナンカバウ人でオランダ留学の経験を持つハッタ）、オランダは独立を認めず、一九四五年九月下旬に軍隊をインドネシアに派遣した。一九四七年七月にオランダ軍が攻勢をかけると、インドネシア軍は首都ジャカルタと西部ジャワや東部ジャワの主要都市を失い、中部ジャワの古都ジョグジャカルタへの退却を余儀なくされたが、一九四八年一月に「レンヴィル協定」による停戦が実現した。しかし、オランダ軍は停戦を破棄して再度攻勢をかけ、ジョグジャカルタを占領し、スカルノ大統領やハッタ副大統領を捕らえて、スマトラのバンカ島に幽閉した。

オランダの独立抑圧行動が終わったのは、インドネシアが国連にオランダの抑圧行動を提訴し、アメリカなどが介入したためだった（アメリカが介入した理由は、独立戦争が続いた場合、インドネシアの共産主義勢力が権力を握ることを懸念したことにあった）。一九四九年一月、国連安全保障理事会はオランダを非難する決議を採択し、インドネシアとオランダのあいだで話し合いが持たれ、同年一二月に「ハーグ協定」が調印されて、オランダはニューギニア島西部（パプア）をのぞいて、インドネシアの独立を認めた。

ただ、協定は奇妙なことに、インドネシアを、スマトラ島の大半とジャワ島の約半分を領土にするインドネシア共和国（スカルノ大統領の国、人口三一〇〇万人）と、それ以外の、オランダ傀儡の一五の国（あわせて四六〇〇万人）からなるインドネシア連邦共和国にするものだった。

インドネシアを一六の国に分割したオランダの狙いは、スカルノが主導する反オランダのインドネシア共和国と、それ以外の親オランダの国に分断することにあった。しかし、協定締結後にオランダがインドネシアから撤退すると、インドネシアの民族主義勢力の働きかけにより、一九五〇年一月に、オランダの傀儡国の一つ、パスンダン国が解散してインドネシア共和国に合流したのをはじめとして、一九五〇年八月にインドネシア連邦共和国が解散し、インドネシアは、オランダが介入する前のインドネシア共和国に戻ったのである（実質的な独立の達成）。

北ベトナムとフランスの戦闘

つづいて、ベトナム独立の経緯をみてみたい。

一九四五年九月二日、ホー・チミンは北ベトナムを拠点にベトナム民主共和国の独立を宣言したが、フランスは独立を認めず軍隊を派遣したので、一九四六年一二月に北ベトナムとフランスのあいだで独立戦争がはじまった（北アフリカのアルジェリアでも、フランスが独立を認めなかったため熾烈な独立戦争が勃発している。フランスにとり、世界各地の植民地のなかでアルジェリアとベトナムがもっとも重要な地域だったのである）。この間にフランスは、一九四六年三月に南ベトナムでフランス領コーチシナ植民地を復活させ、一九四九年三月に、土着国家の支配者のバオダイ皇帝を擁立して、反共のベトナム国（南ベトナム）を創った。

ディエンビエンフーで勝利した北ベトナム軍

北ベトナムとフランスの戦闘は、兵力（フランス軍が約四七万人、北ベトナム軍が約二五万人）と軍備に勝るフランス軍が優勢で、北ベトナム軍は西隣のラオスの山岳地帯に退却して、そこを拠点にゲリラ活動をおこなった。フランスが北ベトナム軍を鎮圧する目的で、ラオス国境山岳地帯のディエンビエンフーに軍事要塞を築くと、一九五四年三月、同要塞を巡り両軍のあいだで熾烈な戦闘が起こった。結果は、同年五月に、ベトナム共産党指導者の一人で、卓越した軍事戦略家でもあるボー・グエンザップ率いる北ベトナム軍の勝利だった。

敗北したフランスは、同年七月に北緯一七度線で南北ベトナムを分け（軍事境界線）、ベトナムの将来を、国際監視委員会の下で二年後に実施する、南北ベトナムの全国選挙で決定するという内容の「ジュネーブ協定」を締結して撤退した（第一次インドシナ戦争、一九四六〜五四年）。フランスが撤退すると、翌一九五五年に南ベトナムは、バオダイ皇帝が退位し、王制が廃止されて、ベトナム共和国になった。しかし、南北ベトナムの話し合いは進展せず、本格的戦闘こそ起こらなかったものの膠着《こうちゃく》状態に陥り、一九五五〜六四年の約一〇年間、この状態が続いた。

ベトナム戦争がおよぼした多大な被害

このあいだに、ベトナムを巡る情勢は大きく変化していた。アメリカは一九五〇年に韓国と北朝鮮が戦った朝鮮戦争に介入したが、一九五三年に朝鮮戦争が休戦するとベトナムに目を向けたからである。当初アメリカは、フランスを後方支援するだけだったが、北ベトナムの勝利を阻止するために、一九六五年に北爆を開始し、あわせて、本格的な戦闘部隊の海兵隊を南ベトナムに派遣して、軍事介入を本格化させた。アメリカがベトナムに派遣した兵士の数は、一九六五年は一二万五〇〇〇人だったが、三年後の一九六八年には約五四万人に激増した。これが一九六五〜七五年のベトナム戦争である。アメリカはベトナム戦争に一四〇〇億ドルを投入したが、これは、第二次世界大戦直後に発生した冷戦で、アメリカがヨーロッパの自由主義国を支援するためにおこなったマーシャル・プランによる援助額の約一〇倍もの額だった。

戦争は、分断国家の北ベトナムと南ベトナム双方に多大な被害を及ぼした。北ベトナムの場合は、アメリカが、北ベトナムから南ベトナム解放民族戦線への物資支援ルートであるホー・チミン・ルートの破壊、それに、北ベトナムの軍事生産施設の破壊を目的に一九六五年二月から北爆をおこなった。アメリカが「ベトナムを石器時代に引き戻す」（松《まつ》岡《おか》完《ひろし》『ベトナム戦争』、七六頁）と豪語して、一九六五～七三年のあいだに北ベトナムに投下した爆弾の量は、第二次世界大戦のさいに世界に投下された量に匹敵するものだった。これにより、北ベトナムは軍事施設だけでなく、民間人や民間施設も甚大な被害を被ったのである。

アメリカの「北爆」

南ベトナムの場合は、アメリカ軍と、北ベトナムの支援軍や南ベトナム解放民族戦線との実際の戦場になったことによるもので、兵士だけでなく民間人にも多数の犠牲者がでた。大量の近代兵器を駆使するアメリカ軍に対して、ベトナム側は農民のなかに紛れ込むゲリラ戦術で対抗したことから、兵士と農民の判別がつかないことに苛立ったアメリカ軍兵士が、一九六八年三月に、戦闘員とは無関係のソンミ村住民五〇四人を虐殺する悲惨な出来事が起こった。

ベトナム戦争の犠牲者は、北ベトナムなど解放勢力側が一一〇万人、南ベトナム政府軍が二〇万人、民間人が二〇〇万人ほどにも達したのである。

インドシナ三ヵ国の社会主義化

ベトナム戦争は、ベトナムの地に限定されたものではなかった。

カンボジアは一九五三年に王国として独立したが、保守的なシハヌーク国王に対して、共産主義勢力（カンボジア共産党）が挑戦し、ラオスも同年に王国として独立すると、保守的な国王に対して、共産主義勢力（愛国戦線、現在のラオス人民党）が挑戦した。この結果、ベトナム、カンボジア、ラオスの三ヵ国で保守勢力対共産主義勢力の抗争図式が誕生し、アメリカが保守勢力を、ソ連と中国が共産主義勢力を支援したので、冷戦の一環の国際紛争となり、戦場はラオスやカンボジアにも広がったからである。そのため、ベトナム戦争は第二次インドシナ戦争（一九六五〜七五年）とも呼ばれた。

一〇年続いたベトナム戦争は、一九七五年に終息した。アメリカは、ベトナム戦争での軍事的勝利の見通しが立たなかったこと、アメリカ国内で、東南アジアの小国ベトナムの独立戦争に関与することに批判が起こったことなどを原因に、一九七三年一月に北ベトナムと、ベトナムの独立の尊重、即時停戦、アメリカ軍の撤退などからなる「パリ和平協定」を締結して撤退した。

アメリカが撤退すると、一九七五年四月に、アメリカに軍事的経済的に支えられていた南ベトナムが崩壊し、一九七六年七月に南北ベトナムが統一されてベトナム社会主義共和国になった。カンボジアでも、一九七五年四月に首都プノンペンを制圧したカンボジア共産党が権力を握り、翌一九七六年一月に民主カンプチアになった。ラオスでも、一九七五年八月に共産主義勢力が首都ビエンチャンに進軍し、同年一二月に国王が退位して、ラオス人民党が支配するラオス人民民主共和国になった。

アメリカ、ソ連、中国など世界の大国を巻き込んだフランス植民地の清算過程で、インドシナ三ヵ国は社会主義国になったのである。

現代国家の指導者の社会階層

このように、国によって異なる経緯を経て東南アジア諸国は独立したが、しかし、すでにみたように、植民地化前の土着国家に復帰したのではなく、現代国家はそれとは別の国と言えるものだった。現代国家が土着国家とは違うものであることを示すものとして、ここでは、国家指導者の社会階層を挙げてみたい。

土着国家の支配者は世襲制の国王だったが、その統治は、宗教を支配の正統性として利用するものであった。仏教の国は国王、イスラームの国はスルタン、ヒンドゥー教の国はラジャを名乗った。このことは、政治と宗教が一致していたこと、すなわち「政教一致」を意味し、これはヨーロッパなど世界の他の地域の土着国家も同様だった。

しかし、ヨーロッパで近代国家が誕生すると、宗教権威者の教皇と世俗権威者の国王（皇帝）との分離、すなわち、「政教分離」が起こった。東南アジア諸国でも、独立を契機に政教分離が起こり、宗教に依拠した伝統的支配者は政治権力を失ったのである。具体的には、さきほどみたように、独立運動を指導したのが軍人や政党指導者などの非王族だったので、東南アジア諸国が独立すると彼ら平民が国家指導者になったのである。

王族から平民への指導者の交代は、他の国よりも少し早いが、植民地化を免れたタイでも起こっている。タイは仏教が国教ともなっている国であり、敬虔な仏教徒のタイ人にとり国王は政治支配者というだけでなく、宗教権威者でもあった（後者は、現在でもそうである）。しかし、そのタイでも、一九二七年にプリーディーやピブーンなど、後に軍人と官僚になるエリートが創った人民党は、一九三二年に王制を否定する立憲革命を起こして、つぎのように述べた。

人民諸君！　我が国は人民のものである。王のものではない。……政府の凶悪非道さを知った人民、文武官僚は人民党を結成し王の政府から権力を奪取した。人民党は、議会を設け多様な意見を交換する方法によって問題を解決する方が、一人の考えによるよりもよいと考える。人民党は王位を簒奪《さんだつ》するつもりはなく、現国王を憲法に拘束され人民代表議会の承認の下に行動する立憲君主として招きたい（歴史学研究会編『世界史史料』一〇巻、二八七頁）。

これはタイにおける政教分離の宣言であり、この意識は植民地国家の支配が終わった時の東南アジア諸国の独立指導者にも共有されていたのである。

かくして、話し合いで独立を達成した国は政党指導者、独立戦争を戦った国は軍人などが指導者になり、土着国家の支配者は権力を失ったのである。これをよく示すのが、インドネシアとマレーシアである。両国は、土着国家時代はスルタンが統治していたが、独立すると、インドネシアは王制を廃止して共和国に、マレーシアは九人のスルタンを維持する立憲君主制になり（九人のスルタンが順番に五年任期で国王に就任）、平民出身の大統領や首相が新たな支配者になったからである。そのさい、インドネシアが共和制、マレーシアが立憲君主制に分かれた一因は、インドネシアの独立指導者が非王族だったのに対し（スカルノやハッタ）、マレーシアは王族だったことにある（独立を指導した初代首相ラーマンは、ケダ州スルタンの二〇人兄弟の一四番目の子ども）。

国民の選挙で選ばれた指導者

国家指導者に関連して、現代国家が土着国家とは違う点をもう一つ挙げられる。それが、国家指導者の選出方式である。言うまでもなく、土着国家では世襲制、すなわち、国民の意向とは無関係に、血縁を原理に国王の一族が後継者になるものだった（現代でも、世襲制を原理にするアジアの国はブルネイ、それに北朝鮮である）。

これに対して、現代国家の場合、指導者は国民の選挙で選ばれている。大統領制（例えば、インドネシア）と議院内閣制（例えば、マレーシア）、直接選挙と間接選挙という制度の違いがあるし、また、社会主義国では選挙がおこなわれないで共産党内部で決定する方式が採られているが、自由主義国では選挙がおこなわれて、現在は、これがほとんどの東南アジアの国における国家指導者の決定方式になっている。

ただ、マレーシアの政治事情に詳しい人は、現代国家では平民が指導者になったというが、マレーシアは初代首相ラーマンをはじめとして現首相ナジブまで、マハティールをのぞいて歴代首相は全員が王族出身なので、現実は異なるではないかと言うかもしれない。しかし、歴代首相が王族出身だとはいえ（その一因は、マレーシアには九人のスルタンがいて王族の人数が多いこと、スルタン職以外の公的地位の一つが政治家であることにある）、それは、王族という血統的出自ではなく、選挙によって国民に選ばれたことで首相になったものなのである。

2　国民統合と分離独立

アチェの分離独立紛争──インドネシア

東南アジア諸国は独立すると、どの国も多民族型社会の国家統合と国民統合を精力的に進めたが、その過程で分離独立運動や民族対立などが発生して政治社会の混乱や国家崩壊の危機に直面した国が少なくなかった。ここでは、国家統合や国民統合過程における混乱の様態をいくつかみることにする。

東西約五〇〇〇キロの広大な海域に浮かぶ島々からなるインドネシアは、国家統合の難しさを象徴する国となった。イスラーム国家の樹立をめざしてジャワ島で武力蜂起した「ダルル・イスラーム」など、インドネシア各地で分離独立運動が起こった。そのなかで、インドネシア東端に位置し、一九六三年にオランダの植民地支配が終わり、イリアン・ジャヤ州としてインドネシアに併合され、二〇〇二年にパプア州に改名されたパプアは、現在も熾烈な分離独立運動が続いている。ここでは、西端のスマトラ島アチェの分離独立運動を取り上げてみたい。

そのきっかけは、インドネシアが一九四九年にオランダから独立を勝ち取ると、政府が、独立戦争に貢献したアチェを一つの州にすることを約束したにもかかわらず、北スマトラ州に併合したことにあった。一九五三年にイスラーム共和国の樹立をめざす武力反乱が起こった。その背景には、序章で、東南アジア島嶼部へのイスラームの伝播過程をみたさいに、最初にイスラーム化した国がアチェだったことが語るように、アチェ人には、同じイスラームでも、ヒンドゥー教文化と融合したジャワ人に対して、自分たちは純正イスラーム社会であるという自負があったことが指摘されている。

この時の分離独立運動は、一九五九年に政府がアチェを特別州とし、宗教や教育の自治権を与えたことで終息したが、一九六五年に軍人スハルトが登場して、経済開発最優先の下で、アチェの石油や天然ガスなどの一次資源の利益を中央政府が吸い上げると、アチェの不満が爆発し、分離独立運動が再燃した。

一九七六年にハサン・ティロを指導者に自由アチェ運動（GAM）が組織され、「アチェ・スマトラ国」の独立を宣言して、武力闘争がはじまった。一九八九年にスハルト大統領がアチェを軍事作戦地域に指定すると運動は徹底的に弾圧されたが、一九九八年にスハルト体制が崩壊すると、武力闘争が激化した。スハルト後の大統領は、アチェに対する軍事作戦地域の指定を解除しながらも分離独立運動を鎮圧したが、同時に、大幅な自治権の付与、石油と天然ガスをのぞく資源収入の八〇％を地元に還元する政策など宥和《ゆうわ》政策を採った。この間、二〇〇四年一二月のスマトラ沖地震による津波でアチェは甚大な被害を受け、死者が一三万人、行方不明者が三万七〇〇〇人にも達した。

こうしたこともあり、国際社会からも帰趨《きすう》が注目されたアチェの分離独立問題は、フィンランド政府の調停を受けて、二〇〇五年八月に政府と自由アチェ運動が和解した。すなわち、アチェは独立要求を取り下げ、その代わりに、それまでは北スマトラ州の一部だったが、独自のアチェ州になったのである。

このアチェの例が示すように、スハルト時代末期の一九九八年に二八だった州の数は、二〇〇四年に大統領に就任して、分離独立問題や政治社会の安定化に努めたユドヨノ大統領時代の二〇〇八年には、四一に増えている。

分離独立指導者クン・サの麻薬ビジネス——ミャンマー

ミャンマーは、多数民族は国民の六八％を占めるビルマ人だが、人口の〇・四％以上を占める主要民族が八つ、政府公認の民族が全部で一三五ある。このミャンマーでも、シャン人、カチン人、カレン人など、国境山岳地帯に住む少数民族のあいだで、ミャンマーの独立直後から分離独立運動が起こった。

その一つ、東部のシャン州は、一部がミャンマーとタイとラオスからなる「黄金の三角地帯」と呼ばれる、東南アジア最大の麻薬生産地帯に属している。中国の国共内戦で敗れ、タイ北部に逃れた国民党軍兵士の子として生まれたクン・サは、シャン人とモン人の分離独立をめざしてモン・タイ軍を結成して武力闘争をおこない、その過程で黄金の三角地帯の麻薬ビジネスを支配した。クン・サは一時期、ミャンマー政府により逮捕・投獄されたが、出獄後は麻薬ビジネスを拡大し、麻薬取り締まりを強化したアメリカ政府から国際指名手配を受けると、タイ北部からミャンマーのシャン州に逃げ込み、シャン州に自分の王国を築くことを考えたので、分離独立運動と麻薬資金が結合して、ミャンマーの軍や政府は容易に鎮圧できなかった。しかし、クン・サは一九九六年に突如ミャンマー政府と停戦に合意してヤンゴンで投降し、その後、麻薬資金を合法ビジネスに投入して、ミャンマーとタイで巨大ビジネス網を創り上げたが、二〇〇七年にヤンゴンで死んだ。

このクン・サをめぐるエピソードは、ミャンマーの分離独立運動の複雑さと国家統合の難しさを語っており、一九四八年の独立直後から発生した分離独立運動は、独立から約七〇年後の現在も、いくつかの州で続いており、終結していない。

マレー人優遇政策——マレーシア

一九五七年に独立したマレーシアは、マレー人、華人、インド人の三つの民族を平等に扱う国民統合を進めた。しかし、一九六九年にマレー人と華人の民族対立と暴動が発生すると、多数民族のマレー人の価値を軸にした国民統合に転換した。その背景には、植民地時代に、マレー人は自給自足の稲作、華人とインド人はゴム農園やスズ鉱山の労働者として賃金労働に従事したことを一因に、民族間の経済格差が大きいことがあった。一九七〇年の民族別月額所得は、マレー人の一七二リンギに対し、華人は三九二リンギと、華人はマレー人の二倍以上もあったのである（インド人は三〇四リンギ）。一九六五年にシンガポールが華人の利益を主張したことを一因に、マレーシアから追放された後の最初の選挙となった、一九六九年五月一〇日に実施された総選挙で、政府の民族宥和政策を批判して華人の利益保護を唱えた華人野党の民主行動党が、前回の一議席から一三議席と大幅に議席を伸ばすと（華人与党のマレーシア華人協会は、二七議席から一四議席に半減した）、マレー人のあいだで、経済だけでなく政治まで華人に支配されてしまうとの危機意識が生まれた。

選挙から三日後の五月一三日に、マレー人与党の統一マレー人国民組織を支持するマレー人と、民主行動党を支持する華人とのあいだで民族暴動が発生し（五月一三日事件）、二〇〇人を超える死者がでた（その大半は華人だったが、その一因は暴動に対処した警察官がマレー人だったことにある）。民族宥和政策が破綻すると、一九七〇年九月にラーマン首相は事件の責任をとって辞任した。

マレー人政党が主導権を握る連合党政府は、マレー人の不満を解消するには、マレー人の経済社会的地位を改善する必要がある、それは政府主導でおこなうしかないと考え、一九七一年に民族間の経済格差是正をめざす新経済政策（NEP）を開始した。

同政策の主な内容は、マレー人を農業部門から工業部門に誘導して所得を向上させることを狙いに、華人が一〇〇％所有する企業の設立を認めず、最低限マレー人が三〇％の株式を所有しなければならない（一九七〇年のマレー人の資本所有比率は二％にも満たなかったが、二〇年後の一九九〇年までに、マレー人三〇%、華人などが四〇%、外国人三〇%にするのが目標とされた)、大企業の雇用でも、民族比率に応じたマレー人雇用の義務化、大学入学も、民族比率に応じたマレー人学生の入学枠を設け、そのさい、非マレー人学生は正規の授業料を払うが、マレー人は無料というもので、これらは法律で定められた。これにより、大学生に占めるマレー人の比率は、一九七〇年の四〇%から、一九八〇年には六七%に増えた。この一連のマレー人優遇政策がブミプトラ政策(ブミプトラとは、マレー系人のこと)である。

華人など非マレー系国民のあいだでは、ブミプトラ政策に対する不満と批判が強いが、一部が修正・廃止されたものの、基本政策は現在も続いている。これを一因に、マレーシア国内では就学や就業が難しい華人国民のあいだで、イギリスやオーストラリアなどへの留学や移民が起きた。政府統計によると一九八〇年のマレー人を含む海外留学生は二四八二人だが、ある教育機関の調査では、約四万人にも及んだのである。

東南アジア近現代史上最大の虐殺――カンボジア

カンボジアは、国家統合や国民統合の過程で混乱したのではなく、国家統合を担う主体の国家そのものが外部世界の影響をもろに受けて、右に左に幾度も大きく揺れた国である。

一九五三年に「カンボジア王国」（一九五三〜七〇年）として独立すると、シハヌーク国王自ら、サンクムと呼んだ政党を創り、独裁政治の下で、王室と仏教と社会主義に基づく国創りがはじまった。しかし、シハヌークが親中国・反アメリカの外交政策を採ると、一九七〇年三月に親アメリカの軍人ロン・ノルが、シハヌーク国王の外遊中にクーデタを起こして実権を握り（シハヌークは中国に亡命した）、国名を「クメール共和国」（一九七〇〜七五年）に変えた。ロン・ノル政府は、カンボジア国内で活動する北ベトナム軍を掃討するためのアメリカ軍のカンボジア侵攻を認めたので、ベトナム戦争はカンボジアにも拡大し、国内でも政府軍と共産主義勢力軍の内戦がはじまった。

一九七五年にベトナム戦争が終わると、中国の毛沢東思想の強い影響を受けたカンボジア共産党（指導者はポル・ポト）が実権を握り、「民主カンプチア」（一九七六〜七九年）となった。フランス留学経験のある知識人ポル・ポト率いる政府は、すべての古い価値、思想、制度と決別し、あらゆる搾取を追放して理想的な人間社会と考える原始共産主義社会の建設を謳い、それを実現するために有無を言わさずに強行したので、多大な犠牲者が出た。すなわち、首都プノンペンの二〇〇万人ほどの住民をはじめとして、全国の都市住民の農村への強制移住と農村での自活生活を強要した。さらに家族を解体して大人同士、子ども同士だけの集団生活、通貨の廃止、カンボジア人の心の拠り所である仏教の否定、旧体制時代の政治家、官僚、兵士などの処刑がおこなわれた。新体制の批判者や不満者に対しても容赦ない処刑がおこなわれ、処刑者、強制移住や強制労働にともなう病死者、食糧不足による餓死者など、正確な人数は不明だが犠牲者は一〇〇万人を超えた。これは、東南アジア近現代史上最大の虐殺と呼べるものだった。

序章で、筆者が二〇一三年末にアンコール・ワット遺跡を訪ねたことを紹介した。アンコール・ワット遺跡を見物した後、ホテルがあるシェムレアップの町への帰路、観光ガイドの人が仏教寺院を案内してくれた。寺院自体は何の変哲もないものだったが、境内の一角にポル・ポト政府の虐殺犠牲者となった何百人もの頭蓋骨を収めた小さな祠《ほこら》があった。ポル・ポト政府の虐殺を記憶に留めるために作られた建造物は、カンボジア各地に数多いが、カンボジア史の栄光の時代を象徴するアンコール・ワット遺跡と、悲惨な時代の虐殺を語る建造物が、ほとんど肩を並べるかのようにあったのである。ポル・ポト政府は、対外関係では親中国・反ベトナム姿勢の下で、国内に居住するベトナム人

ポル・ポト支配下のプノンペン

を抑圧し、ベトナムと国境戦争を起こして断交した。

一九七八年一二月に、ベトナムが二〇万人の兵士を動員してカンボジアに侵攻し、ポル・ポト政府を追放して親ベトナムのヘン・サムリン政府を創ると（そのさい、六〇万人を超えるカンボジア人がタイに難民として逃れた）、国名は「カンプチア人民共和国」（一九七九〜九一年）に変わった。しかし、親ベトナム政府が誕生すると、タイが安全保障の危機意識を持ち、他のASEAN加盟国とともにベトナムを厳しく批判した。ASEANと国連が主導してカンボジア問題の解決が図られた結果、一九九一年にパリ協定が成立し、一九九三年に対立するシハヌーク国王派、中立派、親ベトナム派による連立政府が誕生して、「カンボジア王国」（一九九三〜現在）となり、ようやく混乱が収まったのである。

カンボジアは、独立後四〇年ほどのあいだに五回も政治体制と国名が変わったが、混乱した最大の原因は、小国カンボジアがベトナム戦争に巻き込まれたことにあった。序章で、東南アジアは外部世界の影響を受けた、受け手の地域であると言ったが、カンボジアは現代においてそれを代表する国となった。すなわち、ベトナム、中国、アメリカ、ソ連など地域や世界の大国のその時々の思惑や戦略に翻弄されたのである。また、ベトナム戦争後、ベトナムとカンボジアともに共産党支配の国になったが、カンボジアは同じ社会主義国としてベトナムと協調するのではなく、土着国家時代の反ベトナムの民族意識（アンコール国の衰退後、国土を侵食されたことへの遺恨）を前面に出す政策を採ったので、これが紛争の一因にもなったのである。

マレーシア、インドネシア、フィリピン間の領土紛争

植民地支配を清算する国家統合過程で、地域諸国が衝突する出来事も起こった。

一九五七年にマレー半島を領域に独立したマレーシア（マラヤ）は、一九六三年にイギリス植民地のシンガポール、ボルネオ島北部のサバとサラワクと合体して、マレーシアになった（当初、ブルネイも加わることになっていたが、石油収入をマレーシア中央政府に吸い上げられることを懸念して、直前に加盟を取りやめた）。

これに対して、インドネシアのスカルノ大統領は、ボルネオ島（インドネシアではカリマンタン島と呼ばれる）がマレーシア領土になると、インドネシアは、マレーシアの独立後も影響を持ちつづけるイギリスの圧力に晒されることになる、マレーシア結成はイギリス帝国主義と結託したマレーシアの陰謀であると非難して、マレーシアと国交を断絶した。

フィリピンのマカパガル大統領も、ボルネオ島のサバは、もともとはフィリピン南部の土着国家のスールー国が所有していた土地である、と主張して国交を断絶した。しかも、スカルノは実力でマレーシアを潰す「コンフロンタシ」（対決政策）を掲げ、軍隊をボ

ルネオ島北部やマレー半島やシンガポールに潜入させてゲリラ活動をおこなったので、マレーシアとインドネシアの双方に多くの死傷者が出た（シンガポールは、一九六五年三月に、目抜き通りのオーチャードで爆弾テロをおこなったインドネシアの海兵隊兵士二人を、インドネシアの助命嘆願を無視して一九六八年三月に処刑した）。

しかし、三ヵ国の紛争は、一九六五年にインドネシアとフィリピンで指導者が交代すると解決に向かった。インドネシアでは、対決政策を唱えたスカルノが失脚し、経済開発と地域諸国の協調を唱えるスハルトが実権を握ると、マレーシアとの和解路線に転じて、一九六六年八月に国交を回復した。フィリピンも、サバ領有の主張に批判的なマルコスが大統領に就任すると、マレーシアとの和解を進め、翌一九六六年六月に国交を回復したからである（スハルトとマルコスともに、第四章でみる、経済開発最優先の開発主義国家を創り上げた指導者である。また、第六章でみる、紛争の当事者国であるマレーシア、インドネシア、フィリピンが参加した、一九六七年のASEAN結成も和解の一因になった）。

「反中国」による国民統合——インドネシア

東南アジア諸国は比率こそ違え、すべての国に少数民族の華人国民がいる。インドネシアとベトナムは国家危機や政治混乱に陥ると、混乱の一因は中国系国民の華人にあるとして、華人を抑圧・粛清・排除した国である。その背景には、中国に対する歴史的警戒感、国内に経済力が強い華人国民がいることへの不安と反発に加えて、インドネシアの場合、中国がインドネシア共産党の活動を支援したことに強く反発したことがあった（マレーシアは一九五七年の独立と同時に、中国人の新規移民を禁止した）。

インドネシアは、一九六五年九月に軍と共産党が衝突した「九・三〇事件」でスハルトが権力を握ると、インドネシアが大混乱に陥った原因はインドネシア共産党にあり、同党の背後には中国がいたとして中国を強く非難し、国交を断絶した。

スハルトはインドネシア共産党を殲滅《せんめつ》させただけでなく、国内の華人国民に対しても厳しい抑圧措置を採り、中国語の使用や商店での中国語看板の禁止、中国人名からイスラーム名への改名を強制した。

筆者は一九八〇年四月から二年間、ASEANについて勉強するために、当時所属していたアジア経済研究所から派遣されて、シンガポールの東南アジア研究所に留学した。シンガポール滞在中の一九八〇年一二月末に、はじめてインドネシアを訪問した時、ジャカルタの空港で税関の荷物検査があり、審査の列に並んだ筆者の前は、四〇歳ほどのインドネシア華人女性だった。女性が審査のために机の上にスーツケースを載せて開くと、荷物を調べたプリブミの検査官（インドネシアでは非華人のインドネシア人はプリブミと呼ばれる）は中国語の本を見つけ、後ろのポリバケツに無造作に放り込んだ（表紙のタイトルから推察して、華人女性が、たぶんシンガポールの書店で購入した、手軽にお金を貯める方法という類の本だったように記憶している）。その後、女性は何事もなかったかのようにスーツケースを閉じて立ち去ったが、この間、検査官も女性も無言で、きわめて事務的な手続きをしているかのようだった。当時のシンガポールはすでに英語社会化が進展していたとはいえ、外国人観光客が闊歩する目抜き通りを一歩それると、華人が七七％を占めていることから中国語世界であり、中国語の看板など中国的なものが溢れていた。華人社会シンガポールから来た筆者も、ただ黙ってこの出来事を見ていただけで、「これがインドネシアなのか」と感じたのだった。

インドネシアの華人国民は三％ほどだが、スハルト時代の一九六五～九八年のあいだ「中国的なもの」は否定・排除されたわけであり、これは、少数民族の民族価値を否定した国民統合でもあった（スハルト後のハビビ大統領時代に、ようやく中国的なものは容認された）。

「ボート・ピープル」の悲劇の理由――ベトナム

ベトナムは、一九七八年末にカンボジアに侵攻して、親中国のポル・ポト政府を追放した。それに対し、一九七九年二月に中国が懲罰を与えるという名目で、ベトナムの北部国境付近に侵攻したことから限定的な中越戦争が発生した（約一ヵ月間）。
ベトナムは「外」から中国に攻撃されると、国家危機を乗り切る国民統合の一環として、「内」なる中国ともいえる華人国民の粛清に乗り出した。南部の主要都市ホー・チミンなどに住む華人国民の財産を没収し、山岳僻地への入植か、海外出国を迫り、海外出国を選択した者を、着の身着のまま老朽化した漁船などに乗せて南シナ海に放り出した。これが、国際社会から強く非難された「ボート・ピープル」である。

香港に到着した「ボート・ピープル」

その数は約三〇万人にもおよび、大半が南部居住の華人だった（これ以外にも、約二五万人の華人が北部の陸路経由で中国に脱出した）。南シナ海の荒波に放り出された華人は、近隣のタイやフィリピンの漁民などの略奪や暴行など、悲惨な運命に遭遇したが、幸いにも難を逃れた人びとはアメリカなど欧米諸国に難民として定住した。ボート・ピープルの悲劇が発生した背景には、ベトナムが国家危機に直面すると華人国民を排除する国民統合を進めたことに加えて、土着国家時代にベトナム人のあいだに醸成された強大な中国

（中国人）に対する民族的反感があったのである。

「同質的な国民統合」か「ゆるやかな国民統合」か

このように、東南アジア諸国は独立後、さまざまな紛争が発生して混乱に陥ったのである。その原因は、各国固有の政治社会の文脈のなかに求めるしかないが、各国に共通する要因も指摘できる。それが、政府が進めた性急で強権的な国家統合や国民統合である。

それでは、近代国家として当然のことと考えられている、国家統合や国民統合の何が問題だったのだろうか。東南アジア諸国の独立国家は近代ヨーロッパで生まれた、国民が共通価値を共有するという、「国民国家」を原理に創られた。政府が多様な民族からなる国民を、多数民族の価値を軸にした「国民国家」の鋳型にはめ込もうとしたことに対し、少数民族の国民が鋳型にはめ込まれることを拒否したことで紛争が発生したのである。具体的な例をいくつか挙げてみよう。

イギリスは一九四六年四月に植民地のマレーシアで、スルタンの権限をイスラームと慣習に関わる事柄にとどめ、出生地主義に基づいてマレー人、中国人、インド人の三つの民族に平等な市民権を与えた「マラヤ連合」を発足させた。これに対して、マレー人が猛反発すると、一九四八年二月に、スルタンの権威やマレー人の政治的優位を認めた「マラヤ連邦」に改められた。そのさい、国民は、「ムラユ語を日常的に話し、イスラームを信仰し、ムラユの慣習に従う人々」と定められたのである。これは華人国民やインド系国民の民族価値を無視したものだが、一九六三年にマラヤ、シンガポール、サバ、サラワクが合併して誕生したマレーシアの憲法に継承されたのである。

タイでも、一九五八年にクーデタで権力を握ったサリット首相は、民族・宗教(仏教)・国王を基盤にした国民統合を進めたが、南部のムスリム(イスラーム信徒)はこの国民統合理念の枠外の存在だったのである。

これは、民族や宗教に重きを置く自由主義国だけでなく、共産主義思想に重きを置く社会主義国も同様だった。北ベトナム政府は、ベトナム戦争がはじまる前の一九六〇年代に、国民の一体性を高めることを一つのねらいに、国民の約八六％を占めるキン人の民族価値に、山岳少数民族を融合させる国民統合を追求したのである。

この時代の世界に眼を向けると、各地で民族と宗教が絡まった紛争が続発しており、別段、東南アジアが紛争多発地域だったというわけではない。スリランカの多数民族シンハラ人(仏教)に対する少数民族タミル人(ヒンドゥー教)の分離独立運動をはじめとして、イギリスの北アイルランド、旧ユーゴスラビア地域、アフリカのルワンダなど、熾烈な民族・宗教対立や分離独立紛争が起こっている。東南アジアも含めて、国民国家の鋳型をめぐる、国家（政府）と社会（少数民族）の鬩《せめ》ぎあいが軋轢を生み、さまざまな形態の紛争として表出したものが少なくなかったのである。

問題は、民族や言語や宗教が多様な東南アジア諸国は、多様性を前提に、すなわち、それを容認して「ゆるやかな国民統合」をめざすのか、それとも国民の多様性を捨てて、強制的に多数民族の価値に合わせる、「同質的な国民統合」をめざすのかにある。独立当初は、各国の政府が「同質的な国民統合」を進めたことで紛争が多発したことから、現在は、二〇〇〇年代にインドネシアが分離独立を志向する民族住民に大幅な自治を認めたように、「ゆるやかな国民統合」をめざすものへと変わっている。

しかし、フィリピンやタイやミャンマーで、現在でも分離独立をめぐる紛争が起こるなど、国民統合は多くの国で依然として未完成の課題なのである。

第四章　開発主義国家と民主化——一九六〇年代後半～一九九〇年代

東南アジアの自由主義国は、紛争が発生して混乱に陥ると、一九六〇年代後半に、これらの問題を解決する秘策、すなわち、国家統合と国民統合を一気に達成する手段として経済開発と発展を掲げ、そのための政治経済体制を構築した。これが、「開発独裁」とか「開発主義国家」と呼ばれるものである。インドネシア、フィリピン、シンガポール、マレーシア、タイの五ヵ国がそうであり、これは、韓国や台湾など東アジアの自由主義国でも、ほぼ同じ時期に形成されたものだった。

筆者は一九八〇年三月末にはじめてシンガポールの地を踏んだ。シンガポールに着任して英字新聞を見ると、毎日といってよいほど一面にPAPの文字を見かけたが、これは政権党の人民行動党の英略字である。当時とくらべると、言論の自由が認められるようになったとはいえ、現在でも新聞は政府の管理下にある。人民行動党が国会の全議席を独占して政府と人民行動党が一体化した体制が確立されていた一九八〇年には、同党以外に影響力を持った政治集団は存在しなかったのである。街の様子も経済開発が急速に進展中で、植民地時代の古いビルや住居が取り壊されて、近代的なショッピングセンターや高層公共アパートなどが島内各地に続々と建てられていった。一九八〇年のシンガポールは開発主義の真っ盛りだったが、これはインドネシアやフィリピンも同様であり、マレーシアでも翌一九八一年に開発主義国家が登場して経済開発が本格化することになる。

開発主義国家は、国民の厳しい政治管理と国家主導型の経済運営を特徴にするものだが、一定の経済発展を遂げると、一九八〇年代後半～九〇年代前半にかけて民主化運動が起こった。民主化とは、非民主主義体制から民主主義体制に移行すること、あるいは民主主義体制に向かうことであり、この結果、権威主義体制の開発主義国家から民主主義体制に転換した国が少なくなかったし、経済発展していない国でも民主化運動が発生した。一九六〇年代後半～九〇年代にかけての東南アジア政治は、「開発主義国家」と「民主化」をキーワードに展開されたのである。

1　開発主義国家の誕生と終焉

国家目標としての経済開発

開発主義国家とは、共産主義勢力の運動や、民族紛争などに起因する政治社会の混乱の一因は貧困にあると考え、その根源を絶つために、国家目標として経済開発を掲げ、その推進を理由に野党や政府批判派の抑圧、国民の政治的自由や人権を厳しく制限して、国家主導型開発を進める体制のことである。現代世界の政治体制として、民主主義、権威主義、全体主義の三つがあるなかで、開発主義国家は、定期的に選挙をおこなうとはいえ、国民の政治的自由を抑制して、一つの党や軍が支配する体制であることから権威主義体制に属した。

開発主義国家の「超」長期政権

具体的には、インドネシアのスハルト時代（一九六五〜九八年）、シンガポールのリー・クアンユー時代（一九六五〜九〇年）、フィリピンのマルコス時代（一九六五〜八六年）、マレーシアのマハティール時代（一九八一〜二〇〇三年）、それに少し時期が早いがタイのサリットとタノーム時代（一九五八〜七三年）、が該当する（厳密に言えば、いくつかの国では開発主義国家時代はもっと長いが）。

これらの体制は、スハルト時代が三三年間続いたことが象徴するように、「超」長期政権であることに最大の特徴がある。それが可能になった一因は、野党や労働組合や学生運動など、政府批判派を徹底的に弾圧したことにあった。それにもかかわらず、どの指導者も自分の体制は民主主義であると唱えたが、その理由として、指導者が国民の選挙で選出されたということを挙げた。そのためにも、与党を優遇し、野党を厳しく弾圧したので、選挙ではつねに勝利して長期政権を維持したのである。

この時代の第三世界諸国に眼を向けると、ラテン・アメリカで開発主義国家ときわめて類似した「官僚制権威主義体制」が一九六〇年代初めに登場しており、権威主義体制の下で経済開発を進めたのは、一九七〇年代前後の第三世界諸国の潮流でもあったのである。

テクノクラートに多大な権限

国家目標との関連からすると、開発主義国家の特徴はつぎの点にあった。第三章でみたように、独立後の東南アジア諸国には国家統合や国民統合をはじめとして、民主主義の定着、国民の福利厚生など、さまざまな目標や課題があったなかで、開発主義国家は経済開発と発展を、唯一の国家目標とみなしたことである。タイのサリット首相は、一九六一年につぎのように述べている。

国の最も重要な問題は経済である。なぜならそれは国家と国民の生活に関係するものだからである。……この革命の任務の最大の目的は、経済開発にある（歴史学研究会編『世界史史料』一一巻、二〇二頁）。

タイは植民地になったわけではないが、植民地国家時代に貧困状態に突き落とされた東南アジア諸国は、独立によって達成した政治的自立を維持するために、経済的自立を必要とした。何よりも、貧しい状態にある国民の生活を改善・向上させる必要があると考えたのである。開発主義国家は、唯一の目標として経済開発を掲げ、あらゆる制度や政策の導入を、経済開発のために必要であるとの理由で正当化したのである。

ただ、開発主義国家の開発は、一次産品開発を進めた植民地国家の開発と同じようにみえるかもしれないが、両者には決定的な違いがある。植民地国家はひたすらヨーロッパ本国の利益のために開発を進め、東南アジアの住民を無視したが、開発主義国家は、名目的とはいえ、経済開発を通じて国民の生活水準の向上を謳ったこと、それに、遅れた社会を全面的に変革して、国家と社会の近代化を進めようとしたことである。

このうち、後者を語るスローガンが、フィリピンの「新社会運動」、インドネシアの「新秩序」、シンガポールの「生存のための政治」、タイの「国の掃除」であり、韓国の朴《パク》正熙《チョンヒ》大統領は日本の明治維新に因《ちな》んで「維新体制」と呼んだ。これは、開発主義国家の指導者が、少なくともその意図においては、独立後も土着国家の古い体質を引きずり、かつ国家統合や国民統合過程で混乱する社会を、経済開発と発展によって一気に整序して、近代国家を創り上げようとしたことを語っている。開発主義国家では、経済開発は単なる経済営為にとどまらないで、社会の安定を確保し、かつ古い社会を変革するトータルな国家営為とみなされたのである。

開発主義国家の経済分野における特徴は、国家主導型にある。欧米諸国のように、市場経済を原理にして、民間企業が経済開発を担うのではなく、政府が産業政策や労働政策などを決めて民間企業に指示するというものである。そのさい、国家主導型開発を進めるには、産業政策、金融政策、輸出政策、労働政策などについて専門知識を持った、テクノクラートの一群を必要としたので、どの国も、アメリカなどの大学で専門知識や技能を習得した一握りの官僚に経済開発政策の権限を与えた。その象徴とも言えるのが、インドネシアのスハルト大統領が、アメリカのカリフォルニア大学バークレー校関係者を政府の開発関連機関の重要ポストに任命して経済開発を委ねたことである。スハルト体制の批判者は皮肉を込めて「バークレー・マフィア」と呼んだが、フィリピンでも、マルコス大統領の経済開発を推進した官僚の一群は「ハーバード・マフィア」と呼ばれた。アメリカ留学組など一握りのテクノクラートに経済開発の実権を委ねたのは、タイやシンガポール、さらには、韓国や台湾も同様だった。

開発主義国家が登場した要因

なぜ、東南アジアの自由主義国で、一九六〇年代後半にほぼ一斉に開発主義国家が登場したのだろうか。それは、国内要因、国際要因、それに東南アジアの地域要因の三つの結合によるものだった。国内要因は、この後でいくつかの開発主義国家をみるさいに触れるので、ここでは、国際要因と東南アジアの地域要因を説明しておく。

まず、国際要因である。第二次世界大戦直後にはじまった冷戦はアジアにもおよび、一九五〇年に朝鮮戦争、一九六五年にベトナム戦争が起こったことはすでにみた。これらの戦争は、アメリカが、それぞれ韓国と南ベトナムの自由主義国側に立って介入して生じた戦争であり、アメリカの意図は共産主義勢力を抑え込むことにあった。そのさい、アメリカは、ベトナムなど東南アジアで共産主義勢力が拡大する経済社会的一因は貧困にあるとして、貧困の除去、すなわち、経済開発を唱えた。この立場から、共産主義勢力を抑え込むために軍事介入しながら、東南アジアの自由主義国に経済支援をおこない、経済開発を促したのである。国際連合も、一九六〇年代における発展途上国の最重要課題は経済開発にあるとして、一九六〇年代の一〇年間を「開発の一〇年」として経済開発を訴えた。

また、一九六〇年代後半になると、日本を含む先進国のテレビ組み立てなど労働集約型企業は、賃金上昇と労働力不足問題に直面したが、その解決策として、労働力が豊富で賃金が安いアジアなどの発展途上国に進出することが考えられた。とりわけ日本企業のあいだでは、投資先として日本から近い東南アジアの自由主義国が有力とされたのである。

このように、一九六〇年代中頃になると、アジアの自由主義国に強い影響力を持つアメリカ、代表的国際機関の国際連合、それに先進国企業が、一斉に東南アジア(と東アジア)の自由主義国の経済開発を促し、あるいは眼を向けたのである。これを受けて、東南アジアの自由主義国は、経済開発に必要な資金や技術を持った先進国企業を誘致するために、産業インフラの整備や、外国投資に批判的な野党や労働組合の管理など政治社会の安定に努めたのである。

ついで、東南アジアの地域要因である。いくつかある要因のなかで最大のものとして、インドネシアで発生した一九六五年の「九・三〇事件」が挙げられる。同事件の概要はつぎのようなものだった。

独立後のインドネシアは、独立運動のカリスマ指導者のスカルノ大統領を、イデオロギーと政治志向がまったく違う、軍とインドネシア共産党の二つの勢力が支えていたが、二つの勢力はポスト・スカルノの主導権をめぐって対立した。一九六五年九月三〇日に、共産主義勢力が主導権を握ることを狙って、六人の陸軍将軍を殺害すると(死体は、軍敷地内の井戸に放り込まれた)、陸軍が直ちに反撃して(その指導者がスハルト少将だった)、逆に、インドネシア共産党を殲滅させたものである。事件前年の一九六四年に、インドネシア共産党は三〇〇万人の党員を擁して、世界の自由主義国では最大の共産主義勢力であることを誇ったが、軍などの弾圧により四五万〜五〇万人の共産党関係者が殺害され、インドネシア政治から一気に排除された。事件後、反アメリカ・親中国政策を採るスカルノ大統領が失脚し、スカルノを批判したスハルトに権力が移行したのである。

事件は単にインドネシア一国の政治変動にとどまらず、他の東南アジアの自由主義国に強い影響を与えた。すなわち、東南アジアの大国インドネシアが、経済開発がもっとも重要な課題であると唱え、事件の背後に中国がいたとして中国と国交を断行すると、これが他の国にも波及して、中国の支援を受けた共産主義勢力が衰退し、政府の政治基盤が強化されて、開発主義国家の形成につながったのである。

これらの要因を背景に、一九六五年頃に開発主義国家が登場したが、以下、インドネシア、シンガポール、マレーシアの順に三ヵ国をみることにする。

スハルトの絶対的政治基盤——インドネシア

インドネシアは、スカルノ大統領時代（在位：一九四五〜六七年）は、第三世界ナショナリズムを唱え、アメリカなどと対決するイデオロギー政治が追求されて、経済開発はほとんど無視された。しかし、一九六五年の「九・三〇事件」で軍人スハルト（一九二一〜二〇〇八年）が実権を握ると、大転換が起こった。

スハルトは、インドネシアに必要なのは政治イデオロギーではなく経済開発である、それには政治安定が必要であるとして、徹底的な政治管理をおこなった。軍は、国防や治安維持に加えて、行政や政治管理の任務も負っているという二重機能と呼ばれる論理の下で、強大な権限が軍に与えられたことは、その一つである。

また、スハルト体制が民主主義体制であることを演出するために、役人や退役軍人や婦人会など諸団体連合のゴルカル（日本では職能団体と訳される。スカルノ時代の一九六四年に設立され、法的には政党ではないが、スハルトが野党勢力に対抗するために政党として利用し、一九七一年総選挙から参加した。現在は政党の一つ）を創り、これを与党として優遇し、他方では、一〇を超える野党を強制的に二つの政党に統合して厳しく管理した。

この絶対的政治基盤のうえに、スハルトは一九六八年に正式に大統領に就任し、一九七一年総選挙をはじめとして（これは、スカルノ時代に唯一おこなわれた一九五五年総選挙について、二回目の総選挙だった）、ほぼ五年ごとに総選挙を実施した。スハルト時代最後の選挙となった一九九七年総選挙では、国会五〇〇議席のうち四二五議席が選挙で選出されたが（七五議席は軍の任命議席）、ゴルカルが三二五議席を獲得して圧勝するなど、選挙ではつねにスハルト与党のゴルカルが勝利した（言うまでもなく、そのために与党に有利となる巧妙な選挙制度が創られた。これは他の開発主義国家も同様だった）。その後、大統領を選出する国民協議会

スハルト（写真は1995年）

（国会議員五〇〇人＋地域や組織代表の政府任命議員五〇〇人、合計一〇〇〇人で選出）の圧倒的多数で、スハルトが七期連続で大統領に選出されたのである。

開発の仕組みは、経済開発の専門家集団として、アメリカのカリフォルニア大学バークレー校で学んだテクノクラートの一群を登用し（その代表格が、ウィジョヨ・ニティサストロ国家開発企画庁長官）、彼らが経済開発のグランド・デザインを創り、担い手企業は、主に政府系企業と華人企業というものだった。この経済開発最優先の体制のもとで、インドネシアの経済成長率は、一九六〇年代の四・一％から、七〇年代に七・九％、八〇年代に六・四％、九〇年代に七・四％と、高い成長を遂げた。スハルト時代末期になると、所得格差や地域格差、それに大統領一族の腐敗が深刻な問題になるが、ともかくも開発主義国家は一九九八年まで三三年間、続いたのである（スハルト体制が崩壊した一九九八年の成長率はマイナス一三・一％に落ち込んだ）。

「国家・外資系企業・国民労働者」の経済開発――シンガポール

シンガポールは一九六三年にマレーシアの一州として加盟し、イギリスの植民地支配を終えたが、わずか二年後に、マレーシア中央政府との対立を原因に分離独立した（すでにみたように、実際にはマレーシアからの追放）。

分離独立後、リー・クアンユー率いる英語教育エリートの人民行動党政府は、国民以外に何の資源もない小都市国家シンガポールが生き残るには、政治体制を万全なものにし、先進国企業を誘致して、国家主導で経済開発を進めるしかない、それには政治安定が必要であると唱え、野党、労働組合、学生団体、華人企業家団体、マスコミ（華字新聞）など、あらゆる政治社会集団を抑圧して、非力化と非政治化を進めた。

これにより、分離独立後の最初の一九六八年総選挙で人民行動党は、国会五八議席の全議席を独占して、自由主義国では稀な一党支配体制を創り上げたのである（議席独占は、七二年、七六年、八〇年総選挙と、八一年補欠選挙で野党が一議席獲得するまで続いた。現在も八九議席中八三議席）。この万全な政治基盤のうえに、一九六八年に政府の開発関連機関を集中的に再編・整備し、「国家・外資系企業・国民労働者」の組み合わせからなる経済開発を進め、一九六五年以降、毎年一〇%を上回る高い経済成長率を維持し、一九七〇年代末には、韓国、台湾、香港とともにアジアＮＩＥＳ（新興工業経済地域群）と呼ばれるようになった。

人民行動党政府は、国民の政治的自由を抑圧する代償として、アジアでも有数の高い経済生活を提供したのである（政治的自由と経済成長のバーゲニング）。

マハティールの「ルック・イースト政策」――マレーシア

第三章で、マレーシアは、一九六九年のマレー人と華人が対立した民族暴動後の一九七一年に、マレー人の経済社会的地位の引き上げを目的にしたブミプトラ政策（マレー人優遇政策）がはじまったことをみた。これ以降、経済開発が本格化したが、その核になったのが一九七一年に開始された二〇年計画の「新経済政策」であり、開発主義国家を構築したのが、一九八一年七月、首相に就任した医師出身のマハティール（一九二五〜）だった（マレーシアで開発主義国家の形成が遅いのは、民族対立があったからである）。

マハティールは、国家目標として経済開発の促進とマレーシアの近代化を掲げたが、近代化は、具体的にはつぎのようなものだった。立憲君主制ながら、実質的に憲法改正の拒否権を持っている国王の権限の制限、それとセットで首相権限を強化した憲法改正、それまで自立性が高かったボルネオ島のサバ州とサラワク州政府に対する中央政府の統制強化など、中央集権体制を確立することがそうである。この過程で、マハティールの強権的手法に反対する王族などの伝統的支配者、野党、さらには与党内の批判派を国内治安法で逮捕した。

この抑圧的政治体制のうえに、マハティールは重化学工業化を進めた。前年の一九八〇年一一月に、自動車や鉄鋼など重工業分野でのマレー人の進出を手助けするために設立された、マレーシア重工業公社と外資系企業との合弁を含む、鉄鋼、セメント、自動車などの産業を政府主導で推進した。一九八三年には、マレーシア重工業公社（七〇％）と日本の三菱グループ（三〇％）との合弁で、国民車メーカーのプロトン社が設立され、一九八五年に生産がはじまった。これが象徴するように、マハティールは欧米諸国ではなく、日本や韓国をモデルにした「ルック・イースト政策」を基本戦略にしたことが特徴である。

マレーシア・マハティール首相（右）とインドネシア・スハルト大統領（写真は1993年）

マハティールは二〇〇三年に退任したが、マハティール時代にマレーシアは工業発展を遂げ、植民地時代のゴム、スズ、それに独立後に発展したパーム油などの一次産品産業に加えて、発展した製造業を持つに至り、農業国から工業国に転換したのである。

この結果、深刻な民族対立にもかかわらず、東南アジアでは都市国家シンガポール、産油国ブルネイにつぐ、一人当たり国民所得（GNI）の高い国になった。

後発国への影響

この後でみるように、民主化により、一九九〇年代になると多くの開発主義国家は終わったが、注目されるのは、経済開発モデルとしての開発主義国家は、同じ一九九〇年代に、政治混乱が収まり資本主義型開発に転換した、東南アジアや東アジアの後発国に影響を与えたことである。

その一つが、中国である。中国は、一九七八年に鄧小平《とうしょうへい》が唱えた「改革・開放政策」以降、資本主義型開発が本格化したが、そのさい、中国の一部知識人は、経済開発を効率的におこなうには、一人の権力者に権限を集中して、上から経済開発を進める必要があると唱えた。これは、「新権威主義論」（ストロングマン）と呼ばれたが、そのモデルが開発主義国家であることは明らかだった。実際に、リー・クアンユーの片腕としてシンガポールの経済開発を演出した開発経済学者で実務家のゴー・ケンスィー副首相が、一九八四年に政治家を引退すると、中国はゴーに経済開発顧問就任を要請し、ゴーは受諾したのである。

第五章でみるように、一九八六年の「ドイモイ政策」で資本主義型開発に転換したベトナムも、開発主義国家にアプローチした国の一つだった。一九九〇年にリー・クアンユーが首相を退任すると、一九九三年に経済開発顧問への就任を要請したからである。リーが断ったため、これは実現しなかったが、社会主義国ベトナムが、反共の自由主義国シンガポールを経済開発モデルにしたことは、開発主義国家が政治体制やイデオロギーとは無関係なものであることを語っている。

軍政のミャンマーも、開発主義国家に倣うことを試みた国である。一九九〇年代に軍政は、経済開発の促進を支配の正当性として掲げると、同じ軍政下で経済発展したインドネシアのスハルト体制に目を向けた。インドネシア型開発主義国家をミャンマーに移植する可能性を探るために、政府高官をインドネシアに派遣したが、一九九八年にスハルト体制が崩壊したため中途で終わった。しかし、現在のミャンマーの特異な政治制度の一つである、国会定員の二五％を任命軍人に割り当てる方式は、スハルト体制の国会定員の一五％を軍に割り当てる制度と同じなので、現在のミャンマーの政治制度の一部がインドネシア型開発主義国家モデルに倣ったことは明白である。

とはいえ、中国やベトナムやミャンマーで開発主義国家が成立したというのではない。現在、これらの国で経済開発を進めているのは、開発主義国家とは違う論理と体制の下だからだし、何よりも、民主主義が重要な政治原理となった現在は、権威主義体制の開発主義国家は、国民のあいだでも、国際社会でも容認されないからである。ただ、そのなかで、現在、唯一、開発主義国家とみなせる国がカンボジアである。

第三章でみたように、独立後のカンボジアは混乱の連続であり、経済開発どころではなかったが、一九九三年にようやく連立政府が誕生して政治安定が現出した。政府を決めるための選挙で、王党派のフンシンペック党が国会一二〇議席のうち五八議席を獲得して第一党になり、シハヌーク国王の息子で同党指導者のラナリットが第一首相に、五一議席を得た人民党を率いるフン・センが第二首相に就任した（フン・センは、もともとはポル・ポト派の軍司令官だったが、ベトナムに亡命し、ベトナムがカンボジアに侵攻するとヘン・サムリン政府の一員となり、連立政府が成立すると第二首相になった）。

しかし、一九九七年に連立与党のフンシンペック党と人民党のあいだで軍事衝突が起こり、人民党が勝利すると、ラナリット第一首相は国外に逃亡した。フン・センは、国内に残存していたポル・ポト派勢力による反乱を収束させて、最大の実力者にのし上がり、二〇〇八年選挙では人民党が国会一二三議席のうち九〇議席（七三％）と、圧倒的議席を得て（連立与党のフンシンペック党は二議席、野党のサム・ランシー党が二六議席）、一党支配体制を創り上げたのである。フン・セン首相は、この万全な政治基盤のうえに経済開発を進め、一人当たり国民所得（GNI）は、二〇〇〇年の二八八ドルから二〇一〇年に八三〇ドル、二〇一五年に一一四〇ドルと、一五年間で約四倍になった。

二〇一六年現在、フン・セン体制は二〇年目に突入した。与党の圧倒的な国会議席支配、長期政権下での経済開発の促進は開発主義国家の特徴なので、カンボジアは三〇年遅れで登場した開発主義国家ということができる。

開発主義国家の終焉

本章の冒頭でみたように、一九八〇年代の開発主義国家の全盛期には、インドネシアのスハルト、シンガポールのリー・クアンユー、マレーシアのマハティールという権威主義的性格が強い指導者が東南アジアに君臨し、地域の安定を維持しながら経済開発最優先の地域運営をしていた。しかし、一九九〇年代前後になると開発主義国家は終わりを告げた(シンガポールやマレーシアなど、まだ完全に終わっていない国もあるが、その理由は主に国内状況による)。なぜ、支配体制が堅固な開発主義国家が終わったのか、その要因として、国際社会の新潮流、国内政治社会の変容、国内経済社会の新しい現象、の三つが挙げられる。

まず、国際社会の新潮流とは、アメリカの、アジアなど第三世界諸国に対する姿勢の変化である。冷戦時代のアメリカは、東南アジアなどで共産主義勢力を抑え込むには民主的政府(民主主義体制)よりも、軍政や一党独裁(権威主義体制)のほうが効果的であると考えて、開発主義国家を容認し、政治的、経済的に支えた。しかし、一九九〇年前後に冷戦が終わってソ連が崩壊すると、アメリカは世界に向かって「民主主義と市場経済」が唯一の政治・経済原理、すなわち、グローバル・スタンダードであると唱えた。このアメリカの新しい眼からすると、権威主義体制で国家主導型の開発主義国家は、退場すべき体制でしかない。

国内の政治社会の変容は、つぎのようなものである。独立した時の東南アジア諸国は国民の大多数を農民が占めていたので農村型社会に属していたが、開発主義国家が進めた経済開発により、都市部を中心に、中間層と呼ばれる、大学教育などを受け比較的所得が高い社会集団が登場した。ホワイトカラー、企業の中間管理職、教師、ジャーナリスト、弁護士や会計士などがそうであり、彼らの政治社会的性格は自由を求めることにあると考えられ、軍政や権威主義体制に批判的な人が少なくなかった。

国内の経済社会の新しい現象は、国家主導の下で地場企業育成策が採られると、多くの国で企業家が誕生したことである。彼らは、国家主導の下で生成・発展した人たちだが、ひとたび企業基盤を築くと、政府の細かい指導や規制を嫌い、自分たちの自由な運営、すなわち、国家主導ではなく市場優位の経済運営、自分たちの主体的判断による企業運営を望むようになった。

このように、一九九〇年前後になると、国際社会（とりわけアメリカ）、国内の政治社会集団、経済社会集団と、開発主義国家に密接に関わりのある勢力が、開発主義国家に批判的になり圧力をかけたのである。その結果が、これからみるように、開発主義国家の退場、すなわち、民主化であった。

この時の世界をみると、東南アジアで開発主義国家の民主化が起こる少し前の時期に、ラテン・アメリカでも官僚制権威主義体制の民主化が起こっている。ただ、二つの地域の開発志向の権威主義体制の崩壊時期がほぼ同じとはいえ、目標に掲げた経済発展に関しては対照的だった。開発主義国家が一定の経済成長を遂げたのに対し、官僚制権威主義体制は経済成長に失敗したからである（ここでは、その理由には触れない）。

2　民主主義国家への転換――東南アジアの民主化運動

民衆が取り囲んだマラカニアン宮殿――フィリピンの「黄色い革命」

一九八六年二月にフィリピンで、一九六五年の就任から二〇年余り権力を握り、独裁政治をおこなっていたマルコス大統領に対して民主化運動が発生した。同年二月二五日にマルコス大統領が、怒る民衆に取り囲まれた大統領宮殿のマラカニアン宮殿から米軍のヘリコプターで脱出し、翌日、在フィリピンのアメリカ・クラーク空軍基地から米軍機に乗ってハワイに亡命して長期独裁政権が崩壊すると、歓喜するフィリピンの人びとの姿がテレビなどで世界中に報道された。

マルコス独裁を批判する民主化勢力が黄色をシンボルカラーにしたので、これは「黄色い革命」と呼ばれたが、このフィリピンの民主化運動によって、アジアの民主化の幕が切って落とされたのである。

一九九〇年前後になると、東南アジアでは「民主化」が課題ともテーマともなったが、これを実際の政治文脈のなかで言うと、民主化は開発主義国家の解体とセットになったもの、すなわち、開発主義国家の解体＝民主主義国家への転換を意味した。この時期には、フィリピン、ミャンマー、タイ、インドネシアで民主化が起こっただけでなく、東アジアの台湾、韓国、それに開発主義国家ではないが、共産党支配下にあったモンゴル、南アジアの軍政下にあったバングラデシュ、王制下にあったネパールでも民主化が起きている。さらには、失敗に終わったが、共産党支配の中国でも民主化運動が発生している。

この民主化運動が発生した国々は、自由主義国と社会主義国という政治体制の違い、第五章でみる、成長国と停滞国という経済発展段階の違い、さらには、東アジア、東南アジア、南アジアという地域の違いを超えたものからなっている。民主化は、東南アジアだけでなく、一九九〇年前後のアジアのテーマでもあったのである。

「民主化の第三の波」と「中間層」

一九七〇～八〇年代のアジアは、自由主義国は開発主義国家、社会主義国は共産党独裁下に置かれ、それぞれの体制ともに、国民の政治活動を厳しく制限・管理・抑圧していた。それなのに、なぜ、一九九〇年前後に民主化が起こったのだろうか。この時期には世界各地で民主化が起こっており、その要因として指摘されているのが、つぎの二つである。

一つは、「民主化の第三の波」である。アメリカの政治学者サミュエル・ハンチントンは、近代以降、世界的規模で起こった民主化を大きく三つの波(段階)に区分した。第一の波が、一九世紀初頭から第一次世界大戦後までの時期、第二の波が、第二次世界大戦が終わった直後の時期(この時期に東南アジアをはじめとして、多くの植民地が独立し、形式的ながら民主主義体制で出発した)、そして、第三の波が、一九七四年に南ヨーロッパの独裁国(ポルトガルやスペインなど)で起こった民主化を発端に、一九八〇年代にラテン・アメリカ、ソ連・東欧、アフリカ、そしてアジアへとつぎつぎに伝播したものである(中東は、二〇一〇年代と遅い)。

ハンチントンの言う、民主化の第三の波がアジアに波及した一九九〇年前後は、ちょうど冷戦が終焉した時期と重なるものだった。ソ連・東欧諸国で共産党体制が崩壊すると、アメリカなど自由主義国は、民主主義と市場経済が唯一のグローバル・スタンダードであると唱えて、第三世界諸国に民主化を促した。アメリカを先頭にした欧米諸国の民主化圧力が、テレビや新聞やインターネットなどのメディアを通じて東南アジアに伝わると、国民の一部がそれに呼応して民主化運動が発生したのである。すなわち、グローバル化の進展により電波の伝達手段が普及して、ある国で起こった民主化がリアルタイムで世界に伝わると、東南アジアにも波及したのである。

もう一つは、経済発展にともなう「中間層」の登場である。中間層は都市中間層とも呼ばれ、高等教育を受けた、下級役人、企業の中間管理職やホワイトカラー、教師、ジャーナリスト、会計士、弁護士、医者などの専門職で働く比較的所得の高い人びとであることは、さきほどみた。独立直後の東南アジアは農村型社会だったので、農民が圧倒的比率を占めていたが、経済発展すると、第五章でみるように、タイやインドネシアなど少なからぬ国が農業国から工業国へと転換した。このことは、都市部を中心に都市中間層が大幅に増大したことを意味したし、また、多くの農民が生活の苦しい農村を離れ雇用機会を求めて都市に移動したので、首都など巨大都市が誕生して、都市が政治の中心地になった。東南アジアは、開発主義国家の経済開発にともない、農村型社会から都市型社会へと歴史的転換を遂げて、都市部の動向が政治を動かすようになったわけであり、民主化論では、都市中間層は民主主義を志向し、軍政や権威主義体制に対して批判的態度を採ると考えられている。実際に、東南アジアの少なからぬ国で、中間層は軍政や権威主義体制に批判的な行動を採ったのである（ただし、シンガポールなど、そうでない国もあったが）。

マルコス大統領一族の腐敗への怒り――フィリピン

東南アジアでは、フィリピン、ミャンマー、タイ、インドネシアの四ヵ国で民主化が起こったが、そのなかで、アジアで最初に民主化が起こった国としてフィリピン、中間層要因による民主化国としてタイ、ハンチントンの民主化の第三の波要因による民主化国としてミャンマーをみることにする。

一九四六年に独立したフィリピンは、経済水準も高く、工業化の条件にも恵まれていたので、東南アジアでもっとも早く経済発展する国とみられていた。しかし、経済富裕層が大統領に就任するなど、一握りの裕福な階層が支配する寡頭制構造を一因に、経済開発は停滞した。

1986年2月の大統領選挙時のコラソン・アキノ

一九六五年に大統領に当選し、これまでの大統領とは社会階層が違う弁護士出身のマルコス（一九一七～八九年）は、経済開発を進めるには大統領に権限を集中する必要があるとして、一九七二年に戒厳令を発令し、大統領任期を延長するなど独裁体制を構築した。そのさい、三五歳で上院議員に当選した政敵のベニグノ・アキノを逮捕・投獄し、一九八〇年にアメリカに追放した。しかし、アキノはマルコス独裁体制を倒すために、一九八六年に実施予定の大統領選挙に出馬することにし、一九八三年八月に搭乗した飛行機がマニラ国際空港に着くと、到着直後にマルコス一派の手で暗殺された。

マルコス大統領が経済開発を掲げながらも、一族の腐敗が著しく、経済が停滞して国民の生活が苦しかったところへ、この事件が国民のマルコス批判に火をつけた。

一九八六年二月の大統領選挙では、政治経験のないアキノ夫人のコラソン・アキノがマルコスに挑戦した（とはいえ、アキノはフィリピン有数の富豪コファンコ一族の出身）。同年二月七日の大統領選挙で、マルコスは敗れたにもかかわらず開票を不正操作し当選としたため、怒ったアキノ支持者は勝利を宣言、首都マニラを中心にマルコス退陣要求デモをおこなった。国民に強い影響力を持つカトリック教会指導者がアキノ支持を訴えるなど民主化勢力の運動が高揚すると、マルコスを支えていた軍の一部が離反して民主化勢力に合流した。最後に、それまでマルコスを支えていたアメリカが見限ると、同年二月二六日にマルコスはハワイに亡命したのである。

この結果、フィリピンで初の女性大統領が実現し、大統領任期の一期制など、マルコス体制の非民主的制度の改革が進められた。フィリピンの民主化の要因は、マルコス大統領の腐敗、それに対する国民の怒りにあったのである（ただ、その後も、映画俳優出身で腐敗したエストラーダ大統領に対して二〇〇一年に民主化運動が起こり、同大統領が辞任するなど、フィリピンでは民主化は未完の課題である）。

タイの「血の民主化事件」——民主化勢力としての都市中間層

タイは一九三二年に、人民党（軍）が立憲革命により国王から実権を奪い政治権力を握ったことをみたが、第二次世界大戦後も、軍はタイ政治の主役を占めつづけた。首相の交代は、選挙がおこなわれたとはいえ、それは形式にとどまり、実際には、クーデタで新たに権力を握った軍人が首相になるのがパターンになった（選挙は、その追認に過ぎなかった）。一九四五〜九二年のあいだに、成功したクーデタは一〇回ほど（ほとんどが無血クーデタ）、未遂を含めるとその倍近くに達したのである。

しかし、このあいだにタイは経済発展して高等教育が国民のあいだに広まり、大学生の数は、一九七三年の約一一万人から一九八八年には約六八万人に増えた。また、大学卒業生の多くがバンコクなどの都市に就職したので、都市中間層の比率が上昇し、とりわけ、首都バンコクの住民が大きな政治発言権を持つようになっていた。

一九九一年二月に、いつものようにクーデタが発生して新たな軍政になり、軍政は翌一九九二年三月に民政に衣替えするための総選挙を実施した。選挙では、軍が主導する正義団結党が、国会三六〇議席のうち七九議席を獲得して第一党になり、与党内部の事情も絡んで、非国会議員でも首相に就任できる憲法の条項に基づいて、実質的に同党指導者で陸軍司令官のスチンダーが首相に就任した（就任にさいして軍を退任した）。しかし、首都バンコクの選挙結果はまったく違っていた。軍の友党のタイ人民党は、前回の三一議席から七議席に激減し、軍を批判するチャムローン元バンコク都知事が率いる法力党が、前回の一四議席から四一議席に躍進したからである。

選挙の洗礼を受けていない軍人が首相に就任すると、首都バンコクを中心に都市中間層、学生、NGOなどによる大規模デモがくりひろげられ、スチンダー首相の退陣要求が高まった。一九九二年五月一七日に、王宮前広場に参集したデモ隊を軍が弾圧すると、政府発表で四〇人の死者がでる大惨事になった。

同年五月二〇日に国王が、軍の責任者のスチンダー首相と民主化勢力指導者のチャムローンを呼び出して調停に乗り出すと、同年五月二四日にスチンダー首相は責任を取って辞任し、軍は政治の舞台を降りた。これが「血の民主化事件」である。

軍が政治の舞台から降りると、都市中間層を核にする民主化勢力を中心に、首相は国会議員から選出することを定める憲法改正など、軍の政治介入を排除する制度化が進められた。タイの研究機関が実施した、五月一七日の王宮前広場の集会に参加した二〇〇〇人に対する聞き取り調査によると、五二%が大卒だった。タイで軍政を終わらせた中心勢力は、都市中間層だったのである（ただ、この後でみるように、タイは現在軍政下にあるし、軍政は非国会議員でも首相に就任できる憲法改正を進め、二〇一六年八月

1992年5月、バンコクでのの大規模デモ

に実施された国民投票で約六〇％の賛成を得るなど、タイでも民主化は未完の課題である）。

国際社会の圧力――ミャンマー

一九六二年のクーデタで権力を握った軍人ネ・ウィンは、特異なビルマ式社会主義を唱え、軍を中心に創ったビルマ社会主義計画党の中央集権体制の下で、少数民族の分離独立運動の鎮圧と経済開発の促進を目標に掲げた。しかし、分離独立勢力の鎮圧は進まなかったし、民族主義と社会主義と仏教を融合したビルマ式社会主義も、外国援助や投資を排除した、実質的に鎖国政策に近いものだったため経済開発も停滞した。ネ・ウィン時代の約二五年間、ミャンマーの歴史の発展時間は止まったのである。

このようななか、一九八六年にフィリピンと台湾、翌八七年に韓国で民主化が起こると（その担い手は中間層だった）、経済が発展しておらず、中間層が未形成のミャンマーも、一九八八年七月に民主化運動が発生した。首都ラングーン（当時）の学生を中心に全国的規模のデモが組織され、ネ・ウィンのビルマ社会主義計画党議長の辞任、複数政党下での選挙の実施、経済の自由化などを要求した。民主化勢力の圧力により同年七月にネ・ウィンは辞任したが、同年九月に、ネ・ウィンの統治に不満を持っていた新世代軍人ソウ・マウンがクーデタで権力を握り、国家法秩序回復評議会（SLORC）を創って統治を開始し、民主化運動活動家を逮捕するなど弾圧した。一九八九年六月には、国名がビルマからミャンマーに変更され、首都のラングーンはヤンゴンになった。軍政は国名変更の理由として、一一世紀の土着国家時代から国名はミャンマーであり、ビルマはイギリス植民地時代に使われ出したに過ぎず、国の原点に帰ってミャンマーとすることを挙げた。と同時に、新軍政への国民の支持を得るために、民族ナショナリズムに訴えることを試みたことは否定できない（インドも一九九五年に、カルカッタをコルカタに、ボンベイをムンバイにするなど、土着国家時代の呼称に変えている）。

1989年、自宅軟禁直前のアウンサン・スーチー

ただ、民主化勢力の要求に押されてソウ・マウン軍政が総選挙の実施を約束したので、民主化勢力は国民民主連盟（NLD）を結成し、アウンサンの娘で、インドのデリー大学、イギリスのオックスフォード大学で学んだ後、国連に勤務し、イギリス人と結婚したアウンサン・スーチーが書記長に就任した。

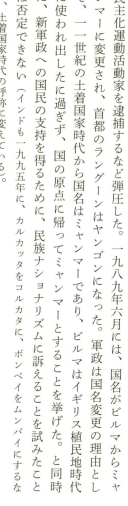

一九九〇年五月の総選挙で、国民民主連盟は国会四八五議席のうち三九二議席を獲得して圧勝したが（得票率六五％）、軍政はさまざまな理由を持ち出して政権移譲を拒否しただけでなく、アウンサン・スーチーの長期自宅軟禁など民主化勢力を徹底的に弾圧した。一九九一年一〇月に、アウンサン・スーチーはノーベル平和賞を授与されたが、授賞式出席のためにひとたび出国すると、軍政がミャンマーへの再入国を認めないことを懸念して国内にとどまった。一九九二年に軍政指導者がタン・シュエに代わり、二〇〇七年には、民主化勢力が弾圧されて政府への抗議集団がいなくなったため、僧侶が国民の経済生活の不満を訴えるデモをおこなったが、これも弾圧された。新軍政の下でも、ミャンマーの歴史の発展時間は約二〇年間、止まったのである。

このような状態が続いたなかで、一九九七年に国家平和発展評議会（ＳＰＤＣ）を創ったタン・シュエ軍政は、欧米諸国などの圧力を受けて、二〇一〇年前後から形式的とはいえ、民主化へと方針転換した。

二〇〇八年に、国会の二五％の議席を軍に与えるなどの内容の憲法を制定し（これは、インドネシアのスハルト体制に倣ったもの）、二〇一〇年一一月七日に民主化勢力を排除して総選挙を実施した。選挙は、軍の政党の連邦連帯発展党（ＵＳＤＰ）が、国会四四〇議席中二五九議席を獲得する圧勝だった（軍の割り当て議席一一〇議席を加えると、三六九議席〈八四

%〉にもなった)。そして、総選挙の勝利から六日後の同年一一月一三日にアウンサン・スーチーの自宅軟禁を解除し、二〇一一年三月にテイン・セイン大統領率いる政府が発足した。これにより、ミャンマーは民主化の道を歩みはじめたのである。

そして、ほんとうの民主化はこの後で起こった。アウンサン・スーチーは、二〇一二年四月に実施された国会補欠選挙で当選し、二〇一五年一一月の総選挙で、国民民主連盟は国会六六四議席のうち三九〇議席を獲得して圧勝したからである(六六四議席のうち一六六議席は軍の割り当て議席)。この結果、二〇一六年三月に、アウンサン・スーチーが国家顧問兼外相に就任して、国民民主連盟政府が誕生したのである(外国人と結婚した国民は大統領になれないという、軍政が定めた憲法の規定によりスーチーは大統領に就任できなかった)。

ミャンマーの民主化は一九八八年の発生から完成まで三〇年近い年月を要したが、その原動力は国内中間層ではなく、圧力をかけつづけた国際社会だったのである。

未完の民主化

現在、東南アジアの多くの国が民主化されたとはいえ、新たな政治問題や課題が起こっている。このことを民主化の「移行」と「定着」との関連で指摘してみたい。移行とは、軍政や一党独裁などの非民主主義体制から民主主義体制になること、定着とは、民主主義が国民のあいだで受け入れられて、ふたたび非民主主義体制に戻ることがないように、制度装置の導入や国民の政治意識を高めることである。この点からすると、フィリピン、タイ、インドネシア、ミャンマーなど、多くの国が民主主義体制になったとはいえ、これらの国が再度、非民主主義体制に戻ることはないという保証は何もない。

これは、とりわけ、現在、軍の政治介入で揺れているタイに該当する。さきほど、一九九二年の血の民主化事件で、軍が政治の舞台を降りたことをみたが、しかし、これで軍の政治関与が終わったのではなかった。

二〇〇一年総選挙で勝利した、警察官・企業家出身のタクシンは首相に就任すると、農民の負債の返済猶予、村落基金の設置、三〇バーツ医療制度などの政策を打ち出して、それまで経済開発から取り残されていた農村開発を進め、農民の圧倒的な支持を得た。二〇〇五年総選挙では、タクシン率いるタイ愛国党は、国会五〇〇議席のうち三七七議席（七五％）を獲得する圧勝であり、これまでタイにはなかった一党支配体制が出現した。タクシンはこれを武器に、国家を企業、首相を最高経営責任者とするトップダウン式の経済発展政策を開始したが、しかし、バンコクなどの都市中間層から、強権政治（南部タイのイスラーム過激派勢力の力による弾圧）と腐敗政治（タクシン一族の蓄財）を批判され、二〇〇六年には軍のクーデタにより首相の座を追われて、外国に亡命した。

とはいえ、現在もタクシンは外国からタイ政治を動かしつづけているし、国内では、タクシンを支持する農村部・都市部下層住民（赤色のシャツ）と、タクシンを批判する都市部中間層住民（黄色のシャツ）の対立と混乱が続いている。二〇一四年五月には再度クーデタが起こり、タクシンの身代わりとして二〇一一年に首相に就任した妹の企業経営者出身のインラックが追放されて、現在、タイは軍政下にある。タイでは、民主化、すなわち、軍の政治関与の終焉はいまだ未完の課題なのである。

このような状況にあるところへ、二〇一六年一〇月一三日、病気で臥せっていたプミポン国王が八八歳で死去した。一九四六年に即位したので在位七〇年と世界最長記録をうちたてた国王を思慕するタイ国民が悲しみに打ちひしがれているなか、長男のワチラロンコン皇太子が二〇一六年一二月一日に即位した。しかし、重要なのはつぎのことである。

一九九二年の軍と民主化勢力が衝突した血の民主化事件が、国王の調停によりようやく解決したように、軍と国民の対立、それに国民がタクシン派と反タクシン派に分裂して対立が続くタイにとり、国民に敬愛されていたプミポン国王は対立を調停できる唯一の超越的存在だった。しかし、国民が新国王に対して、プミポン国王ほどには尊敬と思慕の念を持っていないと言われているので、今後、タイ国民は自らの手で政治対立と混乱を解決しなければならなくなったのである。調停者を失ったタイ政治は重要な局面に直面している。

ミャンマーも、アウンサン・スーチー率いる国民民主連盟政府が、分離独立勢力への対応に失敗し、経済開発が停滞した場合、軍が介入して軍政が復活する可能性があることを否定できない（国防、内務、国境の三つの大臣は国軍司令官の任命だし、軍の政治関与は憲法によって制度化されている）。

東南アジア諸国にとり、民主化はもはや卒業したテーマではなく、「定着」が課題として残っているのである。

第五章　経済開発と発展——一九六〇年代後半～二〇〇〇年代

東南アジアの土着国家時代の主たる経済活動は、熱帯モンスーン気候を利用した稲作だった。植民地国家時代は、熱帯気候を利用した一次産品の大規模プランテーションが中心だった（これは、北アメリカやラテン・アメリカなどの植民地も同様だった）。しかし、独立国家時代になると、それまで東南アジアにはなかった製造業を経済の軸にする工業化、すなわち、農業国から工業国への歴史的転換がはじまった。

第四章でみたように、自由主義国（インドネシア、シンガポール、マレーシア、フィリピン、タイ）では、一九六〇年代後半に開発主義国家が形成されて、経済開発（工業化）を最大の国家目標にした。一九九〇年代になると、ミャンマーでも新軍政が経済開発を前面に掲げ、冷戦時代には計画経済を原理にしていた社会主義国も（ベトナム、ラオス、カンボジア）、冷戦が終わった一九九〇年代前後に、経済開発を国家目標に掲げて資本主義型開発へと転換したのである（ただ、カンボジアは社会主義を放棄して自由主義国になった）。

そのさい、目標にされたのが欧米先進国だったので、東南アジアをはじめとして、アジア諸国の経済開発は「キャッチアップ型工業化」と呼ばれた。一九六〇年代後半〜二〇〇〇年代にかけての東南アジアは、開発主義国家だけでなく、他の国も「経済開発と発展」がキーワードになったので、経済（工業化）の時代でもあったのである。

1　農業国から工業国へ

なぜ工業化なのか

工業化の具体的検討に入る前に、工業化をめぐるいくつかの前提条件をみておく。東南アジアは、植民地国家時代の一次産品の大規模開発が語るように、世界のなかで農業や天然資源に優位性がある。それなのに、なぜ製造業を振興する工業化なのか、その理由は明白である。

経済開発の目的は、諸々の産業を振興して国民に就業機会を提供し、それにより所得を向上させることにある。しかし農業は、多くの国民に雇用を提供するには限界があり、農業用の土地も限られている。何よりも、現代において、一国が豊かになるには工業がもっとも重要な産業である。前述したように、欧米諸国の植民地支配は拒否したものの、経済開発は、欧米諸国のような産業構造になることに目標が置かれたのである。

ただ、アジアは農業国が多いので、インドネシアなど、一九六〇年代にコメと小麦の高収量品種を育成して農民の所得向上を図る、「緑の革命」と呼ばれた農業開発政策が進められた。しかし、緑の革命はパキスタンやインドなどで一部農民の所得向上につながったものの、東南アジアにおいてはさまざまな要因で多くの農民、とりわけ貧農の所得向上につながるものではなかった。

国内、国外からの開発資金

工業化は、繊維産業、機械産業、化学産業、テレビ産業、自動車産業などさまざまな近代産業を持つことであり、それには膨大な資金を必要とする。一般的に、東南アジアを含め発展途上国の開発資金の出所は、国内と国外の二つがあった。

国内は、政府資金（その原資は国民の税金や法人税）と民間資金がそうだが、しかし、東南アジア諸国は貧しいため、多くの国で政府も民間も工業化に必要な資金に欠けていた。

国外では、大きく、先進国の政府開発援助（ODA）、世界銀行や商業銀行などからの借り入れ、それに、民間直接投資の三つを開発資金とした。東南アジア諸国の経済開発では、どの国もこの三つが利用されるものとなり、初期段階は、政府開発援助や国際機関などからの借り入れが中心だったが、経済発展するうえで重要な役割を果たしたのが、先進国企業の直接投資だった。第四章で、開発主義国家が野党や政府批判勢力などを抑圧・管理して、国内の政治社会の安定に努めたことをみたが、その目的の一つは、先進国企業が政治社会の不安定な国への投資を嫌うため、外国投資を誘致する投資環境を創出することにあったのである。

輸入代替型と輸出志向型という開発戦略

東南アジア諸国の工業化では、輸入代替型と輸出志向型の二つの戦略が採用された。

輸入代替型は、植民地国家時代に世界各地で広くおこなわれた経済活動である。植民地宗主国に一次産品を輸出し、その代わりに工業製品を輸入するという従属的経済関係を断ち切り（例えば、インドはイギリスに綿花を輸出し、それを使って作られたイギリス製綿布を輸入したことで、貧しくなった）、植民地宗主国から輸入していた工業製品を国内で生産し、それを関税などで保護した国内市場に販売すること、すなわち、それまで輸入していた工業製品を国内生産で代替する戦略である。そのさい、東南アジアは労働力が豊富で賃金が安いという利点を生かした、一次産品加工、軽工業品、日常消費財生産などの労働集約型からはじめて、その後、巨大な資金や高度な技術を持った資本集約型の重化学工業に軸足を移すとされた。

一方の輸出志向型は、輸入代替型が工業製品の販売先として国内市場を設定（限定）したのに対し、国内で生産した工業製品を世界各地、とりわけ豊かな欧米先進国に輸出する戦略である。

この二つは発展途上国に共通の開発戦略でもあり、まず輸入代替型ではじまったところも共通していた。その理由はつぎの点にあった。フランス革命後に登場したナポレオンによって、一九世紀初頭にスペインが占領されると、ラテン・アメリカの多くの国がこれを契機にスペインから独立した。しかし、一九世紀後半になると世界大国となったアメリカの政治と経済の強い影響下に置かれた。そのため、第二次世界大戦が終わると、欧米諸国の政治経済支配に対する反発が強いラテン・アメリカ諸国で、一九五〇年代に欧米諸国からの経済的自立をめざした輸入代替型開発がはじまった。欧米諸国の植民地支配に対する反発が強かったアジアなど他の地域や国も、ラテン・アメリカ諸国の開発戦略に追随したのである。しかし、国内市場の未発達な、保護された国内市場での企業家の歪んだ利益追求行動などを原因に、輸入代替型はどの国も失敗した。

一九六〇年代末になると、国内市場が小さく輸入代替型開発が適さないアジアの韓国、台湾、香港、シンガポールの四ヵ国・地域が、他の発展途上国に先駆けて輸出志向型に転換し、一九七〇年代末に目覚ましい経済成長を遂げた。これを受けて、それまで輸入代替型を採用していた東南アジアの自由主義国（インドネシア、タイ、マレーシア、フィリピン）も、一九八〇年代に輸出志向型に転換したのである。

日本などからの政府開発援助、国際機関などからの借り入れ、先進国企業の直接投資など、国際機関や先進国との緊密な連携の下で経済開発が進められた東南アジア諸国の経済発展には目覚ましいものがある。しかし、最初から一一ヵ国が一斉に経済発展したのではなく、その実態はこの後でみるが、植民地からの独立時期と同様に、二つのグループ（ただし、国の構成は違うが）、すなわち、先発国（シンガポール、インドネシア、マレーシア、タイ、フィリピン）と、後発国（ベトナム、カンボジア、ラオス、ミャンマーなど）に分かれた。以下では、それぞれのグループの経済発展過程の概要をみることにする。

国内市場から世界市場へ——先発国の経済発展

先発国の五ヵ国は、第四章でみたように、開発主義国家が形成された国というだけでなく、第六章でみるように、一九六七年にＡＳＥＡＮを創った国でもあるが、五ヵ国の発展パターンと発展要因は、つぎのようなものだった。

当初、五ヵ国は輸入代替型戦略を採用したが、現在でも人口五七〇万人ほどの都市国家シンガポールは、一九六五年にマレーシアから分離独立して国内市場（マレーシア市場）を失うと、他の国に先駆けて輸出志向型に転換した。他の四ヵ国も、国内市場がじゅうぶんに育っていないことなどを原因に輸入代替型が行き詰まると、一九八〇年代初め頃、輸出

シンガポールの高層ビル群（提供＝Steve Vidler／PPS通信社）

志向型戦略に転換した。具体的な工業化過程は、繊維産業や食品加工工業など労働集約型の軽工業から出発し、その後、電器産業や電子部品産業などを振興して、国内市場ではなく（ただし、国内市場が巨大なインドネシアは国内市場も重要だった）、アメリカなど世界市場に輸出して工業国の仲間入りを果たしたのである。ここでは、五ヵ国それぞれの経済発展要因ではなく、共通要因を四つ挙げてみる。

第一が、政治体制論からすると国民の政治的自由を抑圧する問題があったものの、経済開発に向けた国内体制を創出するために、政治社会の安定を図ったことである。その装置が、第四章でみた、開発主義国家だった。民族紛争など混乱が起こった場合、経済開発どころではないし、何よりも、経済開発に不可欠な先進国企業が投資しないからである。

第二が、この政治社会基盤のうえに、欧米諸国留学組のテクノクラートを登用して、先進国企業の誘致や、国内企業（とりわけ華人企業）の保護・育成など経済開発政策の推進、労働組合管理や賃金管理など、企業が活動しやすい環境やインフラの整備を進めたことである。これを具体化したものが、多くの国が採用した「経済開発五ヵ年計画」であり、テクノクラートが集結して、国家主導型開発の司令塔の役割を果たした政府機関が、マレーシアは経済計画局、インドネシアは国家開発企画庁、タイは国家経済社会開発庁、フィリピンは国家経済開発庁だった（韓国は、経済企画院）。

第三が、第二に関連して、先進国企業に国内市場を開放したことである。その代表ともいえるのがシンガポールであり、通産省傘下の経済開発庁が、先進国企業誘致の任務を負い、同庁の海外留学組エリート官僚の懸命の努力により、工業化が本格化した一九七〇年代以降、現在に至るまで、毎年の製造業投資の八〇％ほどを外国資本が占めつづけている。工業化に必要な資金や技術に欠け、工業製品の輸出市場を持たないシンガポールに、先進国企業がこれらをセットで持ち込んだのである。これは、他の先発国も同様であり、そのさい、先進国企業を誘致するうえで、重要な役割を果たしたのが、輸入関税や法人税などを優遇した輸出加工区などだった。タイのバンコク周辺の工業団地、マレーシアの自由貿易地域（ペナンの電子・電機産業など）、フィリピンのバターン輸出加工区、シンガポールのジュロン工業団地などがそうである（中国は、一九八〇年代に経済特別区を創っている）。

第四が、第三に関連して、先進国企業に対して、ゆるやかな規制の政策を採ったことである。先発国の経済開発は、政府が経済のさまざまな分野で介入・指示する国家主導型でおこなわれたが、欧米諸国などの企業に対しては、税制優遇など、比較的自由な活動を認めることを政策方針にした。これにより、五ヵ国の豊富で安い労働力を目当てに先進国企業が大挙進出して、欧米諸国を頂点にする国際分業ネットワークに参入したことが、先発国の発展につながったのである。そのさい、当初は、日本など先進国で製造された付加価値の高い部品や加工品を、労働賃金が安い東南アジアで組み立て、最終製品を欧米諸国に輸出する垂直型分業が中心だった。しかし、先進国企業の進出が本格化し、また、五ヵ国の技術レベルが向上すると、五ヵ国でも部品や素材の開発と生産をおこない、東南アジア諸国同士（例えば、マレーシアとシンガポール）で部品を相互に供給する水平型分業に転換したのである。

農業国から工業国への転換

精力的に進められた工業化により、先発国は農業国から工業国へと転換したが（ただし、シンガポールは貿易国だったが）、このことは、統計数字で確認できる。インドネシアの一九八二年の輸出品は、原油が六五・七％、天然ガスが一四・〇％を占め、工業化がはじまっていたとはいえ、この段階では明らかに資源依存型の産業構造だった（この時のインドネシアは、工業化を進めなくても石油収入で国家財政が潤っていた。ただ、そのぶん、政治家や役人の汚職もすさまじかった）。しかし、三二年後の二〇一四年の輸出品は、原油が五・〇％、鉱物が二六・六％と減ったのに対して、製造業製品が五七・七％と半分以上を占めるものに変化した。

この傾向はマレーシアにもあてはまる。工業化がはじまった頃の一九六〇年の産業別国内総生産（GDP）は、農業（ゴムやスズやパーム油などの一次産品）が三七・九％と第一位で、製造業は八・七％に過ぎなかった。それが、五四年後の二〇一四年は、製造業が二四・六％で第一位、第二位が商業の一四・八％、第三位が金融・不動産の一四・六％となり、農業はわずか六・九％で、農業と製造業が完全に入れ替わったのである。

タイも同様である。タイは東南アジア諸国のなかで農産物が豊かな国であり、一九八〇年の輸出に占める農産物の比率は四九％で、工業製品は三一％だった。しかし、一九八六年に両者の比率が逆転し、一九九五年には工業製品が六六％、農産物が一六％と、完全に工業国となった。そのさい、工業製品は最初から衣類や家電製品などだったのではなく、農産物加工などアグロ・インダストリー（冷凍エビ、水産缶詰、ブロイラーなど）が多かったことに、タイの特徴があった。すなわち、初期段階では、タイが農業国であることを生かした工業化からはじめ（そのため、タイは新興農業関連工業国と呼ばれた）、その後、コンピュータ部品、それに石油化学業や鉄鋼業、自動車などの重工業を振興したのである（軽工業から出発し、その後、重工業へと進んだ戦略は、マレーシア、フィリピン、インドネシアも同様だった）。

この一九七〇年代から一九八〇年代にかけて、東南アジアの先発国が後発国にくらべて、それに、アジアや発展途上国のなかでみても著しい経済発展を遂げたことは、世界銀行の統計から確認できる。世界銀行が発表した一九九五年の国連加盟国一三三ヵ国の一人当たり国民所得は、高所得国（九三八六ドル以上）、中所得国（七六六〜九三八五ドル）、低所得国（七六五ドル以下）の三つのグループに区分されている。アジアに限ってみると、高所得国は、日本の三万九六四〇ドルの他に、シンガポールの二万六七三〇ドル、香港の二万二九九〇ドル、韓国の九七〇〇ドルの四ヵ国・地域でしかない（台湾は国連加盟国ではないのでランクに登場しないが、韓国より少し高い）。そして、中所得国は、マレーシアの三八九〇ドル、タイの二七四〇ドル、フィリピンの一〇五〇ドル、インドネシアの九八〇ドルの四ヵ国だけである。これ以外の東南アジアの国、すなわち、ベトナム（二四〇ドル）、カンボジア（二七〇ドル）、ラオス（三五〇ドル）、ミャンマー（不明）など、それに中国やインドといったアジアの大国（中国は六二〇ドル、インドは三四〇ドル）も低所得国に属している。東南アジアの先発国が経済発展したことがわかるが、これは、ラテン・アメリカやアフリカなど他の発展途上国とくらべても著しいものだった。

止まっていた発展の時計——後発国

一九七〇〜八〇年代に先発国が経済発展したのに対し、後発国（ベトナム、カンボジア、ラオス、ミャンマー）は、経済開発が停滞した。その原因は、それぞれの国の政治のあり方や産業構造などに求められるが、ここでも、共通要因を三つ挙げてみたい。

第一が、独立戦争や内戦など混乱が続いて、経済開発どころではなかったことが挙げられる。その代表国がベトナムである。第三章でみたように、ベトナムはフランスとの独立戦争、南北ベトナムの内戦、アメリカとの戦争、カンボジア侵攻、と戦争や紛争の連続だった。国土がベトナム戦争に巻き込まれたカンボジアも、一九九三年に連立政府が誕生するまで混乱の連続だったし、ラオスも一九五三年の独立後、内戦が約二〇年続いた。ミャンマーも、独立後、民政時代と軍政時代ともに、ビルマ共産党や分離独立勢力の武力反乱に悩まされつづけた。政治社会の混乱に陥ったこれらの国では、敵対勢力に対する軍事勝利や反乱勢力の鎮圧が、政府の最大の目標となり、先発国のように、国の資源（資金）やヒト（開発官僚の育成や製造業の労働者）を経済開発に振り向けることは不可能だった。

第二が、先発国が資本主義型開発（市場経済）を原理にしたのに対し、ベトナム、カンボジア、ラオスの社会主義国は計画経済に依存したことである。計画経済では経済発展できないことは、一九九〇年前後に経済停滞を大きな原因に崩壊した、ソ連・東欧の社会主義国、それに改革・開放政策が打ち出される前の中国、一九九一年に自由化政策に転換する前のインドが雄弁に語っている。

第三が、第二に関連して、欧米諸国に国内市場を閉ざしたことであり、その代表国がミャンマーである。一九六二年に権力を握ったネ・ウィン軍政は、ビルマ式社会主義の名のもとに、外国とのヒトや経済の交流を厳しく制限し、一九八八年まで実質的な鎖国政策を採った。筆者はシンガポール滞在中の一九八一年三月末に（この時は、ネ・ウィン軍政時代だった）、タイのバンコク経由でミャンマーに一週間ほど旅行した。旅行は、ラングーン（当時）―マンダレー―パガン―ラングーンという行程だったが、シンガポールとバンコク経由でミャンマーに行くと、経済開発がまったく進んでいないことがすぐにわかった。ラングーンの街では、唯一といってよいほど立派な建物はイギリス植民地時代に建てられた政府庁舎と駅舎だったが（それにシュエダゴンパゴダ）、政府庁舎は朽ちるにまかせるままの状態だった。ラングーン駅を朝の七時に出発して、夜の八時にマンダレー駅に着く列車の途中、車窓から見えた風景は、ほとんど人のいない田畑（インドネシアの中部ジャワはそうではなく、農民が忙しそうに動き回っていた）と貧弱な農家だけで、後は手つかずの原野が広がっていた。古都マンダレーも近代的なショッピングセンターはなかったし、観光地パガンも、観光客向けのレストランや土産物屋もなかった。よく言えば、住民が素朴な生活の下で自然とともに暮らしていたことになるが、この時すでに東南アジアの先発国では経済開発がはじまっていたのに対し、ミャンマーはイギリス植民地支配が終わった時のままの状態だったのである。

これが語るように、経済開発に必要な資金や技術を持たないミャンマーが、鎖国体制の下で経済発展することは不可能である。これは、冷戦中に欧米諸国と敵対して国内市場を閉ざした（正確に言えば、閉ざさざるをえなかった）、ベトナムやカンボジアやラオスなどの社会主義国にも該当する。

社会主義市場経済へ――ベトナムのドイモイ政策

これらを原因に、東南アジア諸国は先発国（成長国）と後発国（停滞国）に分かれたが、しかし、この構図は冷戦が終わった一九九〇年代初めになると変容した。一九九〇年前後の時期に、資本主義型開発に転換したベトナムなどの社会主義国も経済開発が軌道に乗り、混乱が続いたカンボジアも紛争が収まると、経済開発が本格化して一定の成長をするなど、後発国も発展したからである。その具体的過程は、つぎのようなものだった。

一九八〇年代中頃にベトナムは、ベトナム共産党支配の政治体制に変わりはないが、経済分野では計画経済を放棄して資本主義型開発へと転換した。これはベトナムだけでなく、アジアの他の社会主義国も同様であり（そのなかで、北朝鮮だけは現在でもそうではない）、新しい経済原理は、社会主義市場経済と呼ばれた。その代表的宣言とも言えるのが中国の「改革・開放政策」（一九七八年）であり、ベトナムも一九八六年一二月に「ドイモイ政策」（刷新政策）、ラオスも同年一一月に「チンタナカーン・マイ政策」（新思考政策）を打ち出した。

なぜ、ベトナムがドイモイ政策を打ち出したのか、その背景にはきわめて切実な事情があった。一九七六年にベトナムが統一されたものの、わずか二年後の一九七八年末のカンボジア侵攻と中越戦争によってベトナムは国際的に孤立し、国内でも、社会主義化に反発する南部住民の抵抗などで、経済が停滞した。独立戦争中のベトナムのスローガンは、「貧しさを分かちあう社会主義」だったが、長くて苦しい戦争が終わった後は、このスローガンによって国家経済を機能させることはできないし、どんなに頑張って働いても自分の収入に繋がらない社会主義の経済システムに、国民も納得しなかったからである。

「社会主義に関する発想の刷新」（古田元夫『ベトナムの世界史』、二四〇頁）を意味するドイモイ政策のねらいは、市場経済を原理に経済開発を進め（すなわち、自由化と東南アジア先発国型の経済開発）、集団農業を解体して農民一人一人の労働と生産意欲を刺激し、農業生産を増大することで、経済停滞を克服することにあった。そのさい、工業化には巨額の資金が必要であり、これまではソ連の経済援助に依存していたが、ソ連が崩壊しそうなので、それを期待できるのはいまや欧米諸国しかない。そのため、一九八九年に国際社会の批判が強いラオスとカンボジアの駐ベトナム軍を撤退させ、一九九一年に中国、一九九五年にアメリカと国交を回復し、同年にはASEANに加盟して、国際関係の改善に努めたのである。

ベトナムが資本主義型開発に転換して国内市場を開放すると、ベトナムの豊富で安い労働力に期待した欧米諸国や東南アジア先発国などからの投資が増大して、経済発展につながった（中国に投資が集中することを懸念した先進国企業が、そのリスクを避けるためにベトナムに投資したケースも少なくなかった）。

筆者がベトナムのハノイをはじめて訪問したのは一九九三年だった（この時、すでにドイモイ政策がはじまっていたが、その成果が表れるまでには、一定の時間を必要とする）。ハノイの中心部から約四五キロメートル北にあるノイバイ国際空港の建物は貧弱だったし、空港からハノイ市内に向かう道は舗装されておらず、沿路には、砂埃を被ってくすんだ掘っ立て小屋同然の犬の肉を食べさせる店がずらりと並んでいた。同じ東南アジアでも、すでに開発が進んでいるマレーシアやインドネシアなどとくらべると、こんなにも違うのかと驚いた。しかし、一五年後の二〇〇八年にハノイを訪問した時は、景観が一変していた。ノイバイ国際空港はモダンな建物に替わっていたし、市内への高速道路も整備され、沿道には新築の農家を多く見受け、一五年のあいだにベトナムで経済開発が眼に見えるかたちで進展したことを実感したものだった。

二〇一三年の所有企業別にみたベトナムの工業生産比率は、国有企業が一六・三％、非国有企業が三三・六％なのに対し、外国企業は半分強の五〇・一％を占めるようになった。同年のベトナムの輸出の三五・五％を軽工業製品が占めるし、また、農業の自由化により農業生産（コメ）も飛躍的に改善され、農産品の多角化も進んで、現在コーヒー生産はブラジルについで世界第二位である。これもあり、ベトナムの二〇〇〇年代の年平均成長率は七％強を記録したのである。

カンボジアは、第四章でみたように、一九九〇年代後半に、フン・セン首相の下で開発主義国家に類似した体制が確立され、労働集約型の外国企業、とりわけ中国の縫製業企業を誘致して、発展が緒についた。衣類は二〇一四年の輸出の七八・一％を占め、アメリカが最大の輸出先である。

ミャンマーも、一九九〇年代は欧米諸国の経済制裁などにより先進国の投資はほとんどなかったが、二〇〇〇年代になると、地政学的、戦略的観点からミャンマーに関心を持つ中国やインドの経済支援をテコに経済発展がはじまった。しかし、その後、テイン・セイン政府は中国寄りの姿勢を転換し、二〇一一年九月に、中国からの三六億ドルの支援金で建設中のミッソン・ダム水力発電所の建設を中止までして（発電した電力の大半が中国に輸出される予定）、欧米諸国との経済緊密化路線を打ち出した。この結果、第四章でみたように、民主化が進むと欧米諸国などの投資が増大して、本格的な経済開発がはじまったのである。

日本の積極的な援助

東南アジア諸国の経済開発に、大きな役割を果たしたのが日本だった。具体的には、一九七〇年代にはじまった政府開発援助、一九八〇年代に本格化した民間直接投資がそうであり、ここではマクロ数字をもとにみることにする。なお、第二章でみた賠償金も、開発資金の一部になった。マレーシアの特産品の一つであるゴムは、イギリス植民地時代はイギリスの会社が大規模農園で生産をおこない、イギリスの海運会社が海外輸送を担っていた。マレーシアは独立すると、イギリスの独占を打破するために、政府系海運会社を設立して一次産品の輸送をおこなうことにし、日本の賠償金を利用して、大型輸送貨物船二隻を現物で受け取り政府系海運会社の輸送船にした。

発展途上国に対する日本の援助は一九七〇年代に本格化し、一九九一〜二〇〇〇年の約一〇年間、世界第一位の援助国になったが、日本の援助は国益と戦略的観点から、日本が必要とする一次資源を持つ東南アジアに重点的におこなわれたことに特徴がある。これは統計数字から確認できる。二〇一四年の日本の対アジア援助は、東アジア（中国とモンゴル）が二億七〇五七万ドル、東南アジア（インドネシア、カンボジア、タイ、フィリピン、ベトナム、マレーシア、ミャンマー、ラオス、東ティモール）が三九億二三五万ドル、南アジアが二五億五二〇八万ドルで、東南アジアがアジア全体の五八％を占めている（二〇年ほど前は、政治社会の混乱が続いていた南アジアはもっと少なく、そのぶん東南アジアが多かった）。

東南アジア諸国のなかでは、第一位がベトナムの一八億八三九八万ドル、第二位がインドネシアの五億六九九四万ドル、第三位がフィリピンの四億七三二七万ドル、第四位がタイの四億一五七二万ドルである。ただ、これはインドネシアが経済発展して援助額が少なくなった近年の数字である。一九八八年は、アジア全体でみても、第一位がインドネシアの九億八四九一万ドル、第二位が中国の六億七三七〇万ドル、第三位がフィリピンの五億三四七二万ドル、第四位がタイの三億六〇六二万ドルというものだった。日本の対アジア援助は、東南アジア、とりわけ、インドネシア、タイ、フィリピン、ベトナムと、人口が多くさまざまな資源を持つ国に対して集中的におこなわれたのである。

インフラ整備への援助

それでは、日本の援助は東南アジア諸国の経済開発において具体的にどのような分野で使われたのだろうか。言うまでもなく、経済開発（工業化）に直接に関わるテレビ組み立て産業や自動車産業などは、この後でみる民間企業の直接投資が担い、援助は、これらの企業活動に不可欠な、また国民の生活に役立つ、橋や道路や港湾や電力発電所や交通機関などインフラストラクチャーの整備に利用された。

筆者がはじめてフィリピンのマニラを訪問したのは一九八一年秋のことだった。当時、マニラの都市交通にはバスもあったが、マニラを訪問した人のなかには、ジープニーと呼ばれる派手な色で飾った乗り合いの改造ジープを利用した人がいるかもしれない。しかし、筆者には行き先がまったくわからないので利用できなかったし、バスも路線の要領がわからないのでタクシーを使うしかなかった。タクシーは仕事をするうえでは効率的だったが、マニラの街の様子やフィリピンの人びとの顔をみてみたい、という欲張った考えを持った筆者には、この点では不便だった。

しかし、二〇〇九年にマニラを訪問した時は事情が大きく改善されていた。マルコス時代末期の一九八四年に、ベルギー政府の援助でライト・レールと呼ばれる、市内を南北に走るLRT－1線の高架鉄道が開通し、その後、日本の援助によってこの1線が改修されただけでなく、東西を走るMRT－2線が開通したからである（現在は、もっと多くの路線がある）。筆者は南北を走る1線と東西を走る2線を利用した。高架線を走行する電車に乗るために、歩道に設けられた階段を上って切符売り場に行くと、飛行機に乗る時のように警備員に鞄の中身を検査されたが、車内は日本の電車のように快適で、乗り合わせた乗客を観察できたし、マニラの街の景観も楽しむことができた。マニラの高架鉄道は外国人の筆者にはきわめて効果的だったが、それ以上に、マニラで生活する住民に役立っていることはまちがいないと感じた。

一九八〇年代になると、援助に代わって、東南アジア諸国の経済開発資金の役割を果たしたのが直接投資である（投資形態には、一〇〇％出資の企業、投資先国の政府系企業や華人企業などとの合弁企業など、いくつかタイプがあるが）。東南アジアに直接投資したのは、アメリカやヨーロッパ諸国、それに近年は中国などもあるが、一九八〇～九〇年代は、日本は主要投資国の地位を占めていた。一つだけ数字を挙げると、二〇一四年末の日本のアジアに対する累積投資額は、東アジアが一四五億ドル（三五・九％）、南アジアが一二億ドル（五・五％）なのに対し、東南アジアは二三六億ドル（五八・六％）、と約六〇％を占めている。なぜ、日本の直接投資が東南アジアに集中したのかは、終章で考えてみたい。

2　経済開発の光と影

政治家と華人企業家の癒着

二〇〇〇年代になると東南アジア諸国の経済開発は軌道に乗ったが、政治分野と同様に、経済分野でも深刻な問題を抱えていることも事実である。以下では、それをいくつかみることにしよう。

東南アジア諸国の経済開発では、どの国でも政府系企業と外資系企業とともに、華人企業が担い手企業の一つだったが、そこには歪んだ問題があった。政治家と華人企業家の癒着、すなわち、有力政治家の特別庇護の下で発展した華人企業が少なくなかったことである。

その代表として、インドネシアのサリム・グループが挙げられる。グループ創業者のリム・シューリョン（インドネシア人名はスドノ・サリム）は、一九一六年に中国の福建省で生まれ、一九三八年、二二歳の時にインドネシアの中部ジャワ北岸の街クドゥスに渡った。植民地時代に東南アジアに仕事を求めてやってきた数千万人の華僑の一人に過ぎなかった。当初は叔父の小売商売を手伝っていたが、転機になったのが、第二次世界大戦後、軍に物資納入の仕事をしたさいに、一九五六年に納入先のディポネゴロ師団長スハルトと出会ったことである。スハルトが一九六五年に「九・三〇事件」で権力を握ると、その特別庇護を受けて（言うまでもなく、その見返りとしてスハルトは多額の利益を得た）、丁子輸入と製粉業に参入し、一九七〇〜八〇年代に食品業、製薬業、セメント業、銀行業などの分野に進出してインドネシア最大の企業グループになった。そして、国内市場を席巻すると、一九八〇年代後半〜九〇年代に、東南アジアや香港や中国などに投資して、東南アジア最大の企業グループに発展したのである。

リム以外にも、スハルト時代に政治家と癒着して、巨大ビジネスを創り上げた華人企業家は多い。これをよく示すのが、一九九〇年代末のインドネシア企業グループ上位二〇社のうち、華人企業が一八社を占めたことである（華人国民はインドネシアの人口の三％ほどに過ぎない）。

これは、他の国も同様だった。タイは、ソーポンパニットのバンコク銀行グループ（金融コングロマリット）、マレーシアは、クエック一族のホンリョン・グループ（建設資材やオートバイなど）、フィリピンは、ルシオ・タンのグループ（タバコや銀行など）などが、軍人や有力政治家と癒着して発展し、一九九〇年代になるとアジア各地などに投資して巨大企業グループになった。

第三章でみたように、東南アジア諸国の政府は華人を排除した国民統合を進めながら、なぜ、経済開発では華人企業家を利用したのだろうか。その理由は、第一章でみたように、工業化に必要な資金と経験を持っていたのは華人だけという歴史的、経済社会的要因に加えて、政治家が、華人企業家を庇護する見返りとして政治献金を期待したことにあった。華人の側から言えば、東南アジアが独立すると国籍を取得して一員になったが、国民統合では、少数民族として政治社会的に抑圧、排除されたので、生き残る道は経済(企業)しかなく、それには有力政治家の庇護が不可欠と考えたのである。この、有力政治家と華人企業家の持ちつ持たれつの関係は、政治と経済の民主化、それに華人の土着化と世代交代が進む一九九〇年代まで続いたが、これも多民族型社会の東南アジアの一つの姿である。

とはいえ、東南アジア諸国の経済開発過程で、民族企業と呼ばれる土着民族の企業が発展したことも事実である。その代表が、ブミプトラ政策の下で、政府がマレー人企業家の育成を進めたマレーシアであり、フィリピンも、植民地時代からスペイン系住民は強大な経済力を持っていたが、独立後の経済開発過程でアヤラ(金融、不動産など)とソリアノ

（ビール、鉱山など）の二大スペイン系財閥が台頭して、華人企業を上回る巨大企業グループになった。

一九九七年のアジア通貨危機

一九九七年に発生したアジア通貨危機も、東南アジア諸国の経済に深刻な影響を与えた出来事の一つである。一九九七年七月にタイでバーツが暴落すると、インドネシアやフィリピンや韓国に波及して、通貨危機から金融危機、そして経済危機になったからである。

そもそも、タイで通貨危機が発生した原因はつぎの点にあった。一九八五年の米ドル高を是正する先進諸国間のプラザ合意以後、円高などにより先進国の発展途上国に対する直接投資が急増すると、タイでも海外からの製造業投資が急増して、一九八五〜九五年の輸出伸び率が年平均で二〇％を超え、一九八七〜九五年の期間、年平均で九・九％の高い経済成長率を記録した。しかし同時に、世界の投機的資金も流入したので、証券市場や不動産価格が高騰して、実体経済とは無関係にバブル状態になった。これに加えて、投機的投資行動に対するタイ（広くはアジア諸国）の金融制度の不備や、経済の脆弱《ぜいじゃく》性も危機の一因だったことが指摘されている。

バブルがはじけ、投機的資金がタイから引き揚げられてバーツが暴落すると、タイ中央銀行の外貨準備金は一九九六年一二月の三三八億ドルから、危機が発生した一九九七年七月にはわずか一一億ドルになった。そのため、国際通貨基金（ＩＭＦ）と日本がそれぞれ四〇億ドル、他の支援を合わせて一七二億ドルの緊急支援をタイにおこなった。危機がアジアの他の国にも波及すると、国際通貨基金や世界銀行などが主導して、インドネシアに三九二億ドル、韓国に三五〇億ドルの救済融資がおこなわれたのである（経済危機の過程で、さきほどみた、インドネシアのサリム・グループなど、事業規模の縮小を強いられた企業グループが少なくなかった）。

一九九三年に世界銀行が刊行した『東アジアの奇跡』で、東南アジアのタイやインドネシアなどの先発国は、韓国や台湾とともに経済発展を遂げた国として称賛されたが、アジア通貨危機が発生すると、欧米諸国の評価が一転した。アジアは経済発展したとはいえ、それは脆弱な経済制度の上に立つ砂上の楼閣でしかないと断定され、アジア経済は「クローニー資本主義」（歪んだ身びいき資本主義）であるという批判が起こったからである。その要点は、アジア諸国の企業家の行動様式は歪んだものであるということにあり、いまみた政治家と華人企業家の政治癒着もその一例とされたのである。

ただ、東南アジア諸国は経済危機を数年で乗り越えたし、経済支援の見返りとして金融改革や企業改革などが要求されると、タイやインドネシアや韓国など、不十分ながらも実行したので、東南アジア諸国の経済システムや金融制度の整備や透明性が、じゅうぶんと言えないまでも、改善されたことも事実だった。

現代の出稼ぎ労働者

東南アジア諸国が経済発展したとはいえ、各国の経済格差が大きいことを一因に、現在、東南アジアで広く起こっている現象の一つが、出稼ぎ労働である。第一章で、植民地国家時代に中国とインドから多数の出稼ぎ労働者が東南アジアに到来したことをみたが、現在は、東南アジア域内の出稼ぎ労働者が顕著である。東南アジア諸国のうち、シンガポール、マレーシア、タイが出稼ぎ労働者の受け入れ国、インドネシア、フィリピン、ミャンマー、カンボジア、ラオスが送り出し国である。ここでは受け入れ国のタイ、送り出し国のフィリピンをみることにする。

大陸部の五ヵ国のなかでもっとも経済発展しているタイは、近隣のミャンマー、カンボジア、ラオスから多くの未熟練労働者をひきつけている。二〇一四年一一月時点でタイ政府に登録された、家族を含む外国人は、ミャンマーが約一七四万人、カンボジアが約八五万人、ラオスが約二八万人で合計約二八七万人にも上っている。二〇一六年からはベトナム人の未熟練労働者も受け入れており、これは、タイの未熟練労働力を大陸部の国の出稼ぎ労働者が支えていることになる。

なぜ、タイへの労働者移動なのか、その理由は明白である。二〇一四年の未熟練労働者の平均月額賃金は、タイの三六三ドルに対し、カンボジアは一一三ドル、ラオスが一一一ドル、ミャンマーが一二七ドル、そしてベトナムが一七五〜一八五ドルと、ミャンマーの場合、タイは自国の三倍近いからである。

序章で、一八世紀にタイとミャンマーの土着国家が侵略戦争をくりかえし、戦争は「死闘」とか「定期戦」と呼ばれたことをみた。また、第三章で、ベトナム戦争時代にタイの最大の安全保障問題がベトナムの脅威にあったことをみた。現在のタイとミャンマーとベトナムのあいだで多くの労働者が移動する状況は、歴史が時代とともに変わるものであることを実感する。

タイの外国人労働者は隣国ミャンマーが圧倒的に多いが、マレーシアも二〇一三年に二一二万人の外国人労働者がいるなかで、約九四万人（四四％）を隣国インドネシアが占めている。一九九〇年代中頃に、筆者はクアラ・ルンプールからマラッカまでタクシーで移動したことがあった。タクシーがマラッカの街に近づくと警察官の検問があり、警察官は窓から覗き込んで乗客が筆者一人であることを確認した後、タクシー後部のトランクを開けさせて調べた。検問が終わってタクシーが動き出した後で、筆者が運転手に、どうして警察官はトランクを調べたのか聞いたところ、インドネシアからの不法移民労働者を摘発するためという答えだった。彼らは、労働力不足で悩むマレーシアのゴム農園やパーム油農園などで働くために来たもので、合法、非合法を問わず、経済水準の高い隣国に仕事を求めて殺到するのは、現代東南アジアの一般的現象なのである。

フィリピンは、東南アジアだけでなく、世界各地に数多くの出稼ぎ労働者を送り出しており、二〇一〇年の政府人口統計によると、海外就労者は約一五二万人、国民人口の一・六％である。ただ、この海外就労者には、毎年約八万人といわれる海外移住者は含まれておらず、研究者のあいだでは、海外滞在者は国民の約一〇％（一〇〇〇万人ほど）とみられている。海外出稼ぎ労働者には大きく三つのタイプがあり、第一タイプが、若い女性のシンガポールや香港や中東などへのメイドの仕事、第二タイプが、中東などへの男性建設労働者、第三タイプが、アメリカなどへの専門技能者移民である。

筆者は一九九〇年代にも年に数回シンガポールを訪れたが、日曜日の午前中に一番賑やかなオーチャード通りに行くと、有名ショッピングセンター前の一角は、ビニールなどを敷いて三々五々座っている数百人ほどのフィリピン人の若い女性の一群に占拠されていた。彼女たちは第一タイプの出稼ぎ労働者であり、家事手伝いから解放された日曜日に仲間のフィリピン人と集い、おしゃべりをして過ごし、情報交換をしていたのである。まったく同じ光景を、同じ一九九〇年代に香港でも、香港島北部の商業ビル街やショッピングセンター前の一角で見かけた。外国で働き、外貨を獲得して故郷に送金して家族の生活やフィリピン経済を支える、フィリピン人女性の逞しいバイタリティーを感じたものである。

しかし、これに対し第三タイプの移民は、頭脳流出としてフィリピンで深刻な問題になっており、二〇一〇年の人口統計にはっきりと表れている。フィリピンの二〇歳以上の国民の最終学歴において大卒は全体の一六・四%だが、アメリカのフィリピン人就労者の約四三%を大卒が占めているからである。これを別の角度から言えば、二〇一〇年には大卒者の約七・三%が海外就労者なのである。フィリピンが世界各地に移民や出稼ぎ労働者を送り出している理由は、人口が一億を超えて東南アジアではインドネシアについで二番目に多いものの、国内に就業機会が少ないこと、それに国民のあいだで英語が普及していること(とりわけ、高学歴のアメリカ移民者)にあるが、海外出稼ぎ労働者と移民は、フィリピンが直面している問題の一つでもある。

強まる中国の経済プレゼンス

現在、東南アジア諸国と経済がもっとも密接な国は日本ではなく、アメリカについで国民総生産が世界第二位になった中国である。緊密化を何よりもよく語るのが貿易である。二〇一三年の東南アジア諸国の輸出に占める中国の比率は、フィリピンが三四%、ミャンマーが二七%、マレーシアが二六%、ラオスが二六%と四ヵ国が、そして、中国からの輸入は、ミャンマーが四〇%、カンボジアが三三%、ベトナムが二八%、ブルネイが二七%、ラオスが二六%で、五ヵ国が二〇%を超えている。とりわけ、中国と陸続きのミャンマー、ベトナム、ラオスが緊密である（ベトナムは、第六章でみるように、南沙諸島をめぐり中国と対立しているが、経済の緊密化は進んでいる）。

　中国との貿易品の中身をみると、東南アジア諸国は二つのグループに分かれる。一つは、中国に一次産品を輸出し、工業製品を輸入する国で、インドネシア、ラオス、カンボジアがこのグループに属している。もう一つは、相互に工業製品を輸出しあう国で、タイ、シンガポール、フィリピン、マレーシアがこのグループに属している。巨大な経済大国になり、労働集約型から高度な資本集約型まであらゆるタイプとレベルの産業を持つ中国は、かつての東南アジアの植民地宗主国のヨーロッパ諸国、それに、数十年前の日本がしていたのと同様の経済関係を、東南アジア諸国と構築したのである。

　二〇一五年末に中国が主導して発足したアジアインフラ投資銀行も、中国と東南アジアの緊密化を示す一つに挙げられる。同銀行は、二〇一三年一〇月に中国の習近平《しゅうきんぺい》国家主席が東南アジアを歴訪したさいに提唱した経緯が語るように、主たる対象国は東南アジアだったが、その後、イギリスなどヨーロッパ諸国なども参加して、発足時の加盟国が五七ヵ国に拡大したものである（日本とアメリカは不参加）。東南アジアは東ティモールをのぞいて、すべての国が創設メンバーに加わっており、その理由は、中国からのインフラ開発資金援助への期待にある。

実際に、これを裏付けた出来事が、二〇一五年九月に中国がインドネシアのジャカルタ―バンドン間の高速鉄道建設を受注した一件だった。同鉄道の建設計画は、二〇一一年に日本が提案したもので、当初は日本が優位だったが、二〇一四年一〇月に就任したジョコウィ大統領が、鉄道建設に国家資金を投入しない方針を打ち出すと状況が変わった。日本があくまでもインドネシア政府の財政負担や債務保証に固執したのに対し、中国は受け入れて、両国の政府系企業の合弁形式としたので（建設費の七五％を中国の銀行がインドネシア側の企業に融資）、中国が受注したのである（ただ、工事は進展しておらず、その成り行きが懸念されている）。

中国の東南アジアへの接近は、貿易でも投資でも援助でも深まっているが、これが持つ意味については終章で考えてみたい。

東南アジア諸国の経済の多様性

東南アジア諸国が経済発展したとはいえ、一一ヵ国の人口や産業構造に違いがあるため、国別格差が大きいことも事実である。本書のキーワードは、東南アジアの「多様性の中の統一」にあるが、この国別格差は、現在も変わることがない東南アジアの多様性を示すものでもある。東南アジア諸国の経済の多様な姿と課題について、政治社会問題も含め、二〇一四年の一人当たり国民所得が高い順番に簡単にみることにする。

シンガポール（五万五九一〇ドル）　東南アジアで一番豊かな都市国家シンガポールの経済的生存は、周辺諸国よりもつねに一歩も二歩も先の経済発展段階にあることにかかっており、現在、政府が進めている戦略が、地域の金融・研究・教育・医療センターになることである。ただ、それには専門知識を持つ多くの外国人が必要だが、国民のあいだでは、政府の外国人専門労働者優遇政策に対する不満が強い（政治管理が厳しく、国民も「従順な」シンガポールで、珍しいことに外国人労働者優遇に抗議するデモが起こった）。政府は、国民も外国人専門労働者も大事というディレンマに直面しており、これが課題でもある。

ブルネイ（四万九七九ドル）　豊富な石油と天然ガス収入が国家経済を支えるブルネイの問題は、これらの資源が国王の個人資産であること、政党や議会は名目的な存在でしかなく国王独裁の政治が続いていることにある。天然資源が枯渇した時、国民のあいだで民主化要求が起こった時に、どう対応するかが課題である。

マレーシア（一万九三三ドル）　一次資源が豊かな工業国マレーシアの問題は、民族間の所得格差にある。二〇〇九年には、マレー人の一・〇に対し、華人が一・三八で、一九七〇年にくらべると格差はだいぶ縮小したが、ブミプトラ政策は、原理的に華人とマレー人が同じ所得水準になるまで廃止できない性格を持つ。しかし、ブミプトラ政策は華人の経済参加の阻害要因、経済発展の阻害要因でもあるので、ここにマレーシアのディレンマと課題がある。

タイ（五九七七ドル）　先進国自動車企業がタイを東南アジア大陸部の生産ネットワークの拠点にし、また、隣国ラオスやカンボジアとの経済結合が強まっているなかで、課題は、バンコクなど都市住民と農村住民の対立にある。その原因は所得格差にあり、二〇〇六／〇七年の一人当たり国民所得は、バンコク首都圏を一〇〇とすると、中部タイは四〇、北部タイは一七、東北タイは一二、南部タイは二八でしかない。この経済格差問題は、深刻な政治社会問題であると同時に、タイ経済の最大の不安定要因でもある。

東ティモール（四二九四ドル）　東ティモールの一人当たり国民所得が高いのは、国内総生産の八〇％を石油や天然ガスが占めているからで、産業構造はブルネイに似ている。課題は、人口一二〇万人ほどながら、民族対立など政治社会の混乱が続いていること、隣国インドネシアやオーストラリアとの地理的近接性を生かして、資源依存だけではない経済開発をどのように進めるかにある。

インドネシア（三四九二ドル）　広大な国土からなるインドネシアは、人口が約二億六〇〇〇万人と多く（世界四位）、これは、労働集約型産業を支える社会基盤であると同時に、一人当たり国民所得における都市部と辺境部の地域格差の原因になっている。分離独立問題など政治社会の不安定の問題はほぼ克服したので、課題は、いかに資源加工業を含めて、高付加価値型産業構造に転換するか、それに地域開発を進めるかにある。

フィリピン（二八七一ドル）　現在、アメリカの国民消費者向けのサービスであるコールセンター産業がフィリピン経済を牽引し、二〇一〇年代には年平均六・三％の経済成長率を記録したが、これは東南アジア諸国のなかではもっとも高い。問題は、国内に就業機会が少ないため、多くの国民が出稼ぎ労働者や移民として流出していることにあり、ドゥテルテ大統領が、いかに政治社会の安定を確保し、行政システムを整え、国内で雇用を創出するかが課題である。

ベトナム（二〇一五ドル）　一次資源と一次産品産業を持ち、工業製品輸出（韓国企業のスマートフォンの下請けなど）が好調なベトナムの課題は政治体制にある。経済発展が進み所得が向上すると、国民の政治意識が変化すると考えられるので、ベトナム共産党の独裁体制がいつまで続くかである。

ラオス（一七五六ドル）　国土の八〇%を山岳地帯が占めるラオスの二〇一四年の輸出は、鉱物、電力（水力）、木材などが八〇%ほどを占め、工業製品は縫製品の六%でしかない。現在、政府が進める開発戦略は、陸路でつながるタイやベトナムや中国との経済連携を強めるものだが、具体的にどう進めるのか、これがラオスの課題でも挑戦でもある。

ミャンマー（一二四四ドル）　ミャンマーは、民主化後、欧米諸国の投資が本格化し、東南アジアで最後に残された有望市場として世界の注目を集めているが、経済開発はこれからの課題である。アウンサン・スーチー率いる国民民主連盟政府が、軍との関係をどう保ち、少数民族の分離独立運動にどう対応し、工業化をいかに進めるか、など取り組むべき課題は多い。

カンボジア（一〇九五ドル）　カンボジアが東南アジアの最貧国である一因は、第三章でみたように、独立した一九五三年から連立政府が誕生する一九九三年まで四〇年間、国内の政治社会が分裂して対立と紛争の連続だったことにある。現在、カンボジア経済は縫製業に支えられているが、この発展には限界があるため、政府が追求している戦略が、中国やタイに投資している先進国の労働集約型企業をカンボジアで代替することである。ただ、これは、ベトナムやミャンマーと同じ戦略なので、近隣諸国がライバルになる。

第六章　地域機構ASEANの理想と現実

東南アジア諸国は独立後、各国がそれぞれ一国単位の政治運営と経済開発を進めてきたが、一九六〇年代後半になると、地域諸国の協調がはじまった。それが、東南アジアのすべての国が加盟する地域機構の東南アジア諸国連合（ASEAN）である。一九六七年の創設時は五ヵ国だけだったが、その後、加盟国が拡大し、現在はすべての国が参加する地域機構になった（ただし、東ティモールはオブザーバー加盟）。加盟国の人口を合わせると約六億四〇〇〇万人になり、もし、ASEANを一つの国とみなすと、中国、インドについで、アジアでは三番目の人口大国になる。

ただ、地域機構が創られたのは東南アジアだけでなく、ヨーロッパ、アフリカ、中東、北アメリカ、ラテン・アメリカ、それにアジアでは南アジアなどでも創られており、世界各地で誕生した地域機構の一つに過ぎない。世界各地の地域機構と同様に、ASEANも地域の安定と経済開発における協力を目的に創設されたものだが、注目されるのは、現在、東南アジアがアジアにおける地域協調の牽引車になっていることであり、一九九〇年代にさまざまなアジアの地域機構が創られ、二〇〇〇年代になるとアジア共同体構想が登場したことである。一九九〇年代以降の東南アジアの地域関係はASEANがキーワードになる。本章は、ASEANが誕生した経緯、発展過程、活動の特徴や問題点、それにアジア共同体構想など、東南アジアの地域関係をみることにする。

1　ASEANの発展

地域機構の模索

第二次世界大戦直後にはじまった冷戦はアジアにもおよび、東南アジアは自由主義国と社会主義国に分裂して対立した。自由主義国は、後にASEANを創る、インドネシア、マレーシア、シンガポール、タイ、フィリピンの五ヵ国（それに南ベトナム）がそうであり、これらの国では共産主義勢力が活発な反政府活動をしていた。社会主義国は、当初は北ベトナムだけだったが、一九七五年にベトナム戦争が終わると、南ベトナムが北ベトナムに吸収・統一され、カンボジアとラオスも社会主義国になった。そのなかでミャンマーは、ビルマ式社会主義の下で実質的に鎖国して、どちらの陣営にも属さない中立の立場を採っていた（ブルネイと東ティモールは、当時まだ独立していない）。

東南アジア諸国が、二つの陣営に分かれて対立するなかで、一九六七年に自由主義国がASEANを創ったことで地域協調の動きがはじまったが、しかし、ASEANが登場する前に、地域機構がいくつか創られているので、それを簡単にみておく。

東南アジアにおける最初の地域機構は、一九五四年七月に北ベトナムとフランスなどが「ジュネーブ協定」に調印した二ヵ月後の同年九月に、タイとフィリピン、それに域外のアメリカ、イギリス、フランス、オーストラリア、ニュージーランド、パキスタンが参加して創った「東南アジア条約機構」(SEATO)である。SEATO本部はタイのバンコクに置かれたが、フランスがベトナムから撤退した直後に、アメリカが提唱して創ったものであることが語るように、その目的は、西側陣営の一員であるタイとフィリピンの安全保障を確保することにあり、反共軍事同盟の性格が強かった。

一九六一年には、マレーシア、フィリピン、タイの三ヵ国が「東南アジア連合」(ASA)を創った。これは経済社会協力を目的にしたものだが、三ヵ国の国内政治が不安定だったため、さしたる活動はおこなわれなかった。そして、一九六三年七月に、インドネシア、マレーシア、フィリピンの三ヵ国が「マフィリンド」(Maphilindo)を結成した。第三章でみたように、一九六三年九月にボルネオ島北部を国土の一部にマレーシアが誕生すると、インドネシアとフィリピンとのあいだで紛争が起こったが、マフィリンドの目的は、マレーシアが誕生する前に三ヵ国でこの問題について話し合いをすることにあった。マフィリンドの目的はきわめて限定されたものだったし、創設したにもかかわらず三ヵ国のあいだで紛争が発生したので、その役割を果たすことはなかった。

このように、いくつか地域機構が創られたが、実質的な活動はほとんどなく、自然消滅のかたちで消えていったのである。

第一段階（一九六七〜七五年）――強い反共同盟の性格

一九六五年にベトナム戦争がはじまってから二年後の、一九六七年八月八日、タイの呼びかけで、バンコクにインドネシア、マレーシア、シンガポール、タイ、フィリピン五ヵ国の外相が集まり、「バンコク宣言」を発表して、ＡＳＥＡＮを結成した。東南アジアの面積の六八％、人口の七三％からなる地域機構の誕生である。

目的として経済社会協力が謳われたが、しかし、経済社会協力プロジェクトがおこなわれることはなかったし、五ヵ国の首脳が一堂に会することもなかった。ほんとうの目的は別のところにあったからである。

ベトナム戦争がはじまると、インドシナ三ヵ国と隣接するタイは安全保障の危機意識を持ち、そのタイが結成を呼びかけたことが語るように、ＡＳＥＡＮは、東南アジアの反共自由主義五ヵ国がアメリカのベトナムにおける軍事行動を後方支援するための同盟の性格が強かったのである。ベトナム戦争でアメリカが北ベトナムを空爆したさい、一九六六年から三年間、爆撃機の八〇％以上が北ベトナムに近い東北タイのコーラートやタークリーなどのアメリカ空軍基地から出撃したことは、これを語っている（ただし、タイ政府は一九六七年まで、この事実を否定したし、基地は一九七〇年に撤去された）。

多くの東南アジア観察者のあいだでは、これまでの地域機構と同様に、ASEANもやがて消えて行くと思われていたし、実際に、活動はほとんどなかった。ただ、そのなかで、後の活動を先取りしたアジアや世界に向けた動きの一つが、一九七一年一一月にクアラ・ルンプールで開催された特別外相会議で、「東南アジア平和・自由・中立地帯」宣言をしたことだった。冷戦がアジアを覆い、熾烈なベトナム戦争が戦われているなかで、五ヵ国がどちらの陣営にも属さないことを宣言したものである（しかし、実際にはアメリカ陣営に属した）。この段階は加盟国が五ヵ国だったので、第三段階で加盟国が拡大したのと区別するために、「ASEAN5」と呼ばれる。

第二段階（一九七六〜九〇年）——経済協力機構への転換

第三章でみたように、一九七五年にアメリカがベトナムから撤退して、インドシナ三ヵ国で社会主義国が誕生すると、ASEAN加盟国、とりわけタイが安全保障が脅かされるとの危機意識を持った。しかし、ベトナムに軍事的に対抗するのではなく、経済開発を進めて経済社会を強化することが、共産主義勢力に対する最大の対抗策であると考え、五ヵ国が協力して経済開発を進めることにした。

それには、加盟国の相互理解と協調が必要なことから、一九七六年二月二三〜二四日にインドネシアのバリ島で、五ヵ国の大統領・首相が参加して初の首脳会議が開催された。会議では、「ASEAN協和宣言」(バリ宣言)が採択され、これ以降、経済協力がはじまったのである。あわせて、同会議では、インドシナの社会主義三ヵ国を念頭において、内政不干渉、武力不行使、紛争の平和的解決を謳った、「東南アジア友好協力条約」も締結され、後でみるように、これがASEANの原則になった。また、加盟国が緊密な協力をおこなうには事務局が必要であるとして、同じ一九七六年にインドネシアの首都ジャカルタ郊外に、ASEAN中央事務局が設置された。このようにして、反共同盟から経済協力機構に転換したのである。

加盟国の輸入代替型の経済開発を推進するために、ASEAN共同工業プロジェクトが策定されたが、しかし、各国の国益優先の思惑もあり成果はなかった。この時期に、加盟国のインドネシア、タイ、マレーシア、シンガポール、フィリピンの五ヵ国が経済発展したのは、ASEANの経済協力によってではなく、第四章でみたように、それぞれの国が開発主義国家の下で経済開発を進めたことにあった。

第三段階（一九九一〜九九年）——加盟国の拡大

一九九〇年前後に冷戦が終わると、加盟国が拡大して新たな段階に入った。一九八四年一月にブルネイがイギリスから独立すると、同月に加盟して六ヵ国になったが、ブルネイの加盟にさいしての条件は、ASEANの原則とも言える一九七六年に採択された「東南アジア友好協力条約」に加入することであり、これは後に加盟する国の先例になった。その後、ベトナムが一九九五年七月、ミャンマーとラオスが一九九七年七月、カンボジアが一九九九年四月に加盟して、一〇ヵ国に拡大した（カンボジアも、ミャンマー、ラオスと同時加盟の予定だったが、加盟直前に与党間の衝突が発生したため延期された）。加盟国が五ヵ国だった第一段階と区別するために、これは、「ASEAN10」と呼ばれる。そして、二〇〇二年に東ティモールがインドネシアから独立すると（東ティモールは一九七四年にポルトガルの植民地支配が終わったが、一九七六年にインドネシアに併合された）、オブザーバー加盟した（現在もオブザーバー）。

このようにASEANは、一九九〇年代末に東南アジアのすべての国が参加する地域機構になったが、なぜ、加盟国が拡大したのか、その理由は後で考えてみたい。

第四段階（二〇〇〇年〜現在）——ASEAN経済共同体（AEC）への道

2015年、ASEAN外相会議（提供＝朝日新聞社）

加盟国が増えて経済協力が本格化すると、また、二〇〇七年は創設から四〇周年にあたることから、基本法を制定すべきであるとの気運が高まった。これを受けて、二〇〇七年一一月の首脳会議で、「ASEAN憲章」が合意され、二〇〇八年一二月に発効した。憲章は、この後でみるように、二〇一五年末に発足した経済共同体の基本法として制定されたものでもあるが、ASEANの目的として、第一条の目標で、「地域の平和、安全、安定を維持強化する」、「安定、繁栄し、高度な競争力を有し、経済的に統合された単一市場と生産基地を創出する」、ことが謳われた。

このように、二〇〇〇年代になると、経済協力、すなわち、経済統合を前面に出すようになったが、経済統合、具体的には、東南アジアを自由貿易地域にする動きは、すでに第二段階ではじまっている。一九七七年に発効した「ASEAN特恵貿易制度」（PTA）がそのための最初の制度であり（これは実現しなかった）、本格的な制度が、一九九三年一月にはじまった「ASEAN自由貿易地域」(AFTA)である。これは、貿易自由化のために、加盟国が一五年以内に関税を〇~五%に削減することをめざしたものであり、予定よりも早く二〇〇三年にほぼ達成された。

自由貿易地域の目標が達成されると、経済統合のつぎの段階として掲げられたのが、経済共同体である。一九九七年に発表された「ASEANビジョン2020」でこの構想が最初に打ち出され、そこでは、経済だけでなく、安全保障や社会文化の分野でも協力と統合を進めることが謳われた。そして、二〇一四年一一月一一~一三日にミャンマーで開催された首脳会議で、経済共同体の発足が決まったのである。そのさい、同会議では、すでに発表されていた経済共同体の四つの目標に、新たに分野別統合・協力の強化を加えた、「ASEAN経済共同体2025」が発表された。

これが、東南アジア諸国が創ったASEANの現在地である。以下では、なぜ、加盟国が拡大したのか、経済共同体を創設したねらいはなにか考えてみたい。

加盟国が拡大した理由

設立当初は反共同盟の性格が強く、加盟国にとって安全保障の対象国、すなわち、安全保障の脅威は、ベトナム、カンボジア、ラオスの社会主義三ヵ国だったことをみた。それなのに、なぜ、一九九〇年代になると敵対的な三ヵ国を加盟国に迎えたのだろうか。他方、それまでASEANを敵視していたベトナムなどは、なぜ加盟を望んだのだろうか。後者からみることにしよう。

ベトナム、ラオス、カンボジアはベトナム戦争中、それにベトナム戦争後も、タイなど地域内の反共自由主義国に対して敵対的姿勢を採っていた。しかし、第五章でみたように、一九九〇年前後に冷戦が終わると、三ヵ国は共産党支配体制を維持しながら（ただし、カンボジアは自由主義国に転換したが）、経済開発を進める戦略に転換し、それまでの社会主義型開発ではなく、資本主義型開発を採用した。

そのさい、三ヵ国は資本主義型開発に必要な資金、技術、ノウハウなどがないため、ソ連が崩壊した以上、アメリカや日本など先進国に求めざるをえないが、同じ東南アジアのタイ、シンガポール、インドネシアなどは資本主義型開発で経済発展した国である。ここから、三ヵ国はASEANに加盟して、東南アジアの先発国と連携するかたちでの経済開発を考えたのである。これは、ミャンマーも同様だった。それまでビルマ式社会主義の下で欧米諸国との経済連携を拒否していたが、一九八八年に権力を握った新軍政は、支配の正当性を資本主義型経済開発に求めたので、ミャンマーも、東南アジア先発国との経済連携を考えて加盟したと言える。つまり、四ヵ国は経済開発を促進する手段として加盟したのである。

それでは、ASEANを創った反共五ヵ国は、なぜ、これらの国の加盟を認めたのだろうか。その理由として二つが指摘できる。

一つは、地域における安定の創出と安全保障の確保である。五ヵ国にとり安全保障の最大の脅威が、ベトナムなど地域内の社会主義国だったことは、いまみた。そのため、インドシナの社会主義三ヵ国を内部に取り込み、これまでの対立関係から協調関係に転換して、安全保障の脅威を解消することを考えたのである。こうした動きは、ヨーロッパとまったく同じである。ヨーロッパも、アメリカ陣営の自由主義国とソ連陣営の社会主義国に分かれて鋭く対立したなかで、アメリカやイギリスやフランスなどの自由主義一二ヵ国は、ソ連・東欧陣営の軍事的脅威に対抗するために、一九四九年四月に北大西洋条約機構（NATO）を結成した。そして、冷戦体制が崩壊すると、それまで敵対していた旧東欧諸国を加盟国に加えて（現在、加盟国は二八ヵ国）、安全保障の脅威を軽減したからである。

社会主義国を取り込んだ理由のもう一つは、より重要で、アジアや世界に対する発言力、言い換えると、交渉力（バーゲニング・パワー）を強化することにあった。

東南アジアは中規模国や小国が集まった地域なので、各国がバラバラで臨んだ場合は、アジアの大国の中国やインドや日本、それに世界の大国のアメリカやヨーロッパ連合

（EU）に対する交渉力は弱い。しかし、地域諸国が結束して臨んだ場合、交渉力が高まることが期待できる。しかも、交渉にさいして、これは東南アジアの半分の国（ASEAN5）の意向であると主張するよりも、すべての国の意向であると主張した場合、交渉力がさらに高まることはまちがいない。この二つの戦略的思考に基づいて、五ヵ国は東南アジア後発国の加盟を受け入れたのである（ただ、軍政のミャンマーを加盟国に迎えたことで、軍政を批判する欧米諸国との関係に苦慮することになったが）。

ASEAN経済共同体のねらい

二〇〇三年の「第二ASEAN協和宣言」は、経済共同体、安全保障共同体、社会文化共同体の三つからなるASEAN共同体の創設を決めている。経済共同体は、他の二つとともに、ASEAN共同体の一部門にすぎないが、三つのなかでは、計画がもっとも具体的で進んでいること、それが実現した場合、アジアや世界に与えるインパクトが大きいゆえに注目を集めているものである（二〇〇三年の首脳会議は、経済共同体を二〇二〇年に創設することを目標にしたが、五年早めて二〇一五年に実現した）。

それでは、経済共同体のねらいは何だろうか。ASEANがその目標として掲げたのは、①単一の市場と生産基地、②競争力のある経済地域、③公平な経済発展、④グローバル経済への統合、の四つである。具体的には、①は物品、サービス、投資、資本、熟練労働者（エンジニアリング、看護、建築、会計、医療など八分野）の自由な移動、②は加盟国内における競争的政策、インフラ開発など、③は加盟国の国内における格差の縮小、加盟国間の格差縮小のために、ベトナム、ラオス、カンボジア、ミャンマーに対する支援、④は加盟国がまとまって域外国と自由貿易協定（FTA）を締結すること、である。

これが語るように、経済共同体のねらいは、加盟国のさらなる発展のために経済統合を進めることにある。

この戦略的方針が出てきた背景には、一九九七年にタイではじまったアジア経済危機で東南アジア諸国が打撃を受けたこと、二〇〇〇年代に中国とインドの経済開発が本格化すると、両国への欧米諸国の投資が増大したため、中国やインドに伍して、東南アジアが先進国資本を誘致するには、地域全体として魅力的な投資市場を創出する必要があると考えたことがあった。

換言すれば、東アジアと南アジアのなかで東南アジアが経済的に埋没するのではないかという懸念が起こり、それに対処するには、地域諸国の経済統合を深化させる必要がある、その具体的形態が経済共同体だと考えたのである。そのねらいを一言でいえば、東南アジア諸国が一体となって、これまで以上に外国投資をひきつけること、そのための受け入れ体制や制度を整備することである。

ただ、アジアや世界の注目を集めてASEAN経済共同体が華々しく発足したなかで、問題が少なくないことも否定できない。これは、同じ経済共同体のEUとくらべるとよくわかる。EUは、経済共同体を実のあるものにするためにさまざまな政策や制度を導入し、そのさい、加盟国に対して国家主権、とりわけ経済主権の一部を移譲することを求めた。これにより、投資の自由化、労働者の移動の自由、共通通貨ユーロの導入（ただし、これはすべての国ではない）、などの経済統合が実現したのである。

これに対してASEAN経済共同体はどうか。この点からすると、一部とはいえ国家主権の移譲を求めていないので、経済統合の実効性に欠けるのが実情である。いくつか例を挙げると、サービス貿易の一部が制限されていること、投資の自由化も一定の制限があること、第五章でみたように、現在、東南アジア諸国のあいだで合法・非合法あわせた未熟練労働者の移動が顕著だが、未熟練労働者の移動の自由は対象外であること、政府調達の開放も目標にしていないこと、そして共通通貨もめざさないとしていることである。

そのため、東南アジア研究者のあいだでは、ASEAN経済共同体の目的が真の経済統合にあるのか疑問視されていることもたしかであり、この問題については終章で考えてみたい。

ここで指摘しておきたいのは、経済共同体の創設はＡＳＥＡＮ協力のゴールではないということである。二〇一六年以降も、さらなる分野での自由化や、加盟国のインフラ整備などを進めることが予定されているので、これからも続く地域協力の一つの段階に過ぎないということである。

日本の対ＡＳＥＡＮ原則

このような経過を経たＡＳＥＡＮは、日本の東南アジア外交のなかで、どのように位置づけられているのか。換言すれば、対ＡＳＥＡＮの原則は何か、それに、日本にとってＡＳＥＡＮの意義は何かをみておこう。

ＡＳＥＡＮを念頭に置いて表明されたものではないが、日本の対ＡＳＥＡＮの原則ともいえるのが、ＡＳＥＡＮが反共同盟から経済協力機構に転換した翌年の、一九七七年に発表された「福田ドクトリン」である。一九七七年八月に福田《ふくだ》赳夫《たけお》首相が東南アジア諸国（当時のＡＳＥＡＮ加盟国のインドネシア、マレーシア、フィリピン、シンガポール、タイ、それにミャンマー）を訪問したさいに、フィリピンのマニラで、日本の東南アジア外交の原則として発表したのが「福田ドクトリン」である。その原則とは以下の三項目からなっている。

すなわち、①日本は軍事大国とはならず、東南アジアや世界の平和と繁栄に貢献する、②日本と東南アジア諸国との心と心の触れ合う信頼関係の構築、③日本は対等の国の立場から、ＡＳＥＡＮの連帯と強靱性強化に協力し、インドシナ三ヵ国とＡＳＥＡＮの相互理解の醸成により、東南アジア全域の平和と繁栄に寄与する、という三項目である。

この原則は、東南アジア諸国に向けた外交原則の表明だが、実際には、東アジアや南アジアなどすべてのアジアの国、さらには世界に向けた宣言とみなすことができる。二〇一七年から約四〇年前の東南アジア諸国に向けた福田ドクトリンではあるが、現在、東南アジア諸国イコールＡＳＥＡＮ加盟国であるので、この東南アジア外交の基本方針は、そのまま、対ＡＳＥＡＮの原則と読み替えられる。

ついで、日本のアジア外交にＡＳＥＡＮが持つ意義はつぎの点にあると考えられる。ＡＳＥＡＮが創設される前は、第二次世界大戦時における賠償金交渉がそうであったように、日本は東南アジア諸国と二国間で話し合い、交渉をおこなってきた。しかし、ＡＳＥＡＮが創られ、とりわけ加盟国が一〇ヵ国に拡大して、日本との首脳会議などが定例化された一九九〇年代末以降は、日本は東南アジア諸国との話し合いが必要な問題が発生したさいには、一つ一つの国とおこなうのではなく、日本とＡＳＥＡＮの会議を通じて一度で済ませることができるようになった（もちろん、個別的な問題は二国間の交渉が必要なことは言うまでもない）。

このことの意義は、東アジアや南アジアとくらべると、よくわかる。東アジアは、中国と台湾、韓国と北朝鮮の分断国家が現在も続いているので、日本が東アジア諸国と話し合いや交渉をする場合、日本と地域諸国が一堂に会する場は現在のところない（とりわけ、中国は台湾を国家として認めていないので、中国と台湾が同席した国際政治会議は考えられない）。そのため、日本はそれぞれの国と個別に話し合いをしなければならない（ただ、日本と中国と韓国の外相会議などが時折開催されている）。

南アジアも地域七ヵ国が地域安定のために、東南アジアに倣って、一九八五年に南アジア地域協力連合（SAARC）を創設したが、地域主要国のインドとパキスタンが領土問題や宗教問題で対立していることもあり、会議はほとんど開催されていないし、日本など域外国との対話会議もおこなわれていない。

このようにみてみると、ASEANは日本が東南アジア諸国と対話や交渉をおこなうさいに、きわめて効率的で効果的な地域機構なのである。

2 ゆるやかな地域機構

ASEAN憲章の制定

ASEANの組織と活動は、二〇〇八年に発効したASEAN憲章が基本になっている。すなわち、首脳会議を最高意思決定機関と位置づけ、年二回の首脳会議開催を定例化するといった憲章が定められ、組織と活動体制が完成したのである。

憲章発足後は、加盟国のアルファベット順に一年交代で担当議長国となり、首脳会議や閣僚会議、それに懸案問題の調整や仲介などに当たっている。これは、特定の国が主導するのではなく、形式性が強いとはいえ、先進国首脳会議と同様に、加盟国が対等で平等であるという原則の下でASEANが運営されていることを意味している。首脳会議をはじめとして、問題に応じて開催される各種の担当大臣会議、数多くの常設委員会など、これらの会議を運営する組織が、一九七六年創設のASEAN中央事務局（二〇一二年の事務局員数は約三〇〇人）、二〇〇八年に設置された、加盟国のASEAN常駐代表からなる常駐代表委員会、それに、非常設の対外関係を扱うASEAN委員会の三つである。しかし、この節では組織や会議についてではなく、運営原則がどのようなものであり、東南アジアの安定と経済発展のためにどのような活動をしているのか、いくつかみることにする。

内政不干渉

まず、運営原則である。一般的に、地域機構は目的を定めた憲章の下、それを実現するための行動規範を持ち、加盟国の行動を規定することが多い。その代表例が、一九九三年にヨーロッパ諸国が創設したEUである。

しかしASEANは、EUのように加盟国の義務や行動を細かく規定し、主権の一部が移譲された地域機構ではない。東南アジア研究者のあいだでは「ゆるやかな」地域機構と指摘されている。

地域機構としてのASEANがどのようなものかを具体的に述べたのが、ASEANの基本理念とも、原則とも言われている「東南アジア友好協力条約」である（現在、同条約には加盟国以外に、中国、インド、日本、アメリカ、EUなどが加入している）。

この条約では、①すべての国の主権、独立、平等、領土保全、国家的アイデンティティーの相互尊重、②すべての国が、外部からの干渉、覇権主義、強制を受けることなく、国家的存在を続ける権利、③相互的な内政不干渉、④見解の相違や紛争の平和的方法による解決、⑤武力威嚇と武力行使の放棄、⑥各国間の効果的協力、が明記されている。

こうしてみてみると、世界のどの地域機構にもみられる一般原則の羅列といえなくもないが、注目されるのが、③の内政不干渉の原則である。内政不干渉はASEAN方式と呼ばれて、ASEANの代名詞ともなっているからである。

内政不干渉がどのようなものかをよく示すのが、つぎの例である。第四章でみたように、ミャンマーは、一九九七年の加盟時も、そして、加盟後も二〇一一年まで軍政がつづいた。タイも、一九六七年の結成時はむろんのこと、現在も軍の政治介入は終わっていない。二〇〇四年に定められたASEAN安全保障共同体行動計画は、「憲法に反し民主主義に反する政府の交代をASEAN加盟国は黙認しない」と述べているが、実際には、ミャンマーとタイの非民主主義的な状況に対して、何の行動も採っていない。

その理由はつぎの点にある。東南アジア諸国が民主化されたとはいえ、現在も多くの国で国内に非民主的制度や要素が残っているので、他の加盟国の政治体制批判は自国に跳ね返ってくること、それに、批判された国が反発してASEANの協調と結束を損なうことを懸念していることにある。加盟国の固有性や内部事情(東南アジアの多様性)に踏み込まないことで、ASEANは成り立っているわけであり、それを保障したのが内政不干渉なのである。

全会一致方式

これに関連した、もう一つのASEAN方式と言われているのが、決定が加盟国の全会一致、すなわち、同意（コンセンサス）を原則にしていることである。ある政策や制度の採用や決定にさいして、一ヵ国でも反対したならば決定・実行しないことはＡＳＥＡＮ憲章に明記されている。

多くの観察者には、これが地域機構としてのＡＳＥＡＮの欠点、もしくは限界の一つと考えられており、たしかに、この後でみるように、効果的活動をおこなううえで制約であることを否定できない。

しかし、本書のキーワードである東南アジアの「多様性の中の統一（協調）」という観点からすると、別の見方ができる。同意方式は、加盟国の政治社会の固有性、換言すれば、多様性を認めたうえで、統一（協調）を進める方式を採ったもの、と考えられるのである。

有体に言えば、加盟国が合意できない分野、まとまることが難しい分野は、ひとまずわきに置いて、合意できる範囲内、まとまれる範囲内で協調・行動することが、ＡＳＥＡＮ方式なのである。これが「ゆるやかな」地域機構の意味であり、多様な国からなる東南アジアが創った地域機構を運営するさいの「知恵」でもある。

第三章で、多様な民族や言語や地域からなる東南アジア諸国の国民統合では、同質的な国民統合ではなく、ゆるやかな国民統合が実情にあったものであるということをみたが、このことは、東南アジア諸国が創った地域機構にも当てはまる。同時に、世界各地の地域機構のなかでＡＳＥＡＮの最大の特徴でもある。

これに加えて、最近のヨーロッパの動きとの関連でつぎのことも指摘できる。二〇一六年六月二三日にイギリスで、ＥＵ残留か離脱かをめぐる国民投票がおこなわれ、五一・八九％という僅差の得票率で離脱が決まった。有力加盟国のイギリスが離脱を決めたことで、それまで世界各地の地域統合のモデルとみられていたＥＵは大きく揺れている。

イギリス国民が離脱を選択した最大の原因は、ＥＵに加盟したことで国家主権の一部が制限されていたことにあった。すなわち、ＥＵの決定により、中東地域などからの移民や難民が増大して、イギリス国民とのあいだで仕事をめぐる競合問題や公共サービス負担増の問題が発生したが、移民や難民を制限する権限をイギリスが持たないことから、国民の不満が爆発したのである。

このイギリス国民の不満とＥＵの動揺という状況をみると、加盟国の主権と意向を尊重する「内政不干渉」や「全会一致方式」は、一面では、欠点と考えられるが、ＡＳＥＡＮの組織と安定を維持するうえで有効な方式とみることも可能なのである。

カンボジア問題への対応——ＡＳＥＡＮ主導の地域安定

東南アジアの安定と経済発展に向けたＡＳＥＡＮの活動が本格化したのは第二段階、すなわち、一九七六年以降のことだが、地域安定に向けた政治分野と安全保障分野の活動を、その効果と問題を含めて、一つずつみることにする。

政治分野の活動で特筆されるのが、カンボジア問題への対応である。第三章でみたように、強硬な反ベトナム姿勢を採るカンボジアのポル・ポト政府に反発したベトナムが、一九七八年末にカンボジアに侵攻してポル・ポト政府を追放し、親ベトナムのヘン・サムリン政府を樹立した。この事態に対してＡＳＥＡＮ加盟国は、ベトナムと実質的に国境を接することになったタイの安全保障の危機意識を共有して、ヘン・サムリン政府の否認、カンボジアの民族自決、ベトナム軍の即時撤退を国際社会に呼びかけ、国連に働きかけた。

ただ、そのさい、カンボジアを代表するのはポル・ポト政府だとしたので、国内で大虐殺をおこない、追放後は国内に何の基盤も持たないポル・ポト政府が国連におけるカンボジア代表の座を維持するという擬制が生まれたし、カンボジアの内戦終結についても、加盟国内部でベトナム寄りの国と中国寄りの国に分裂して意見がまとまらず、有効な手立てを打ち出すことができなかったことも事実である。

しかし、このような問題がありながらも、ＡＳＥＡＮの国際社会への働きかけにより、一九八九年にベトナム軍がカンボジアから撤退し、一九九三年にカンボジアの対立する勢力による連立政府が誕生したのである。

これが、さきほどみた、一九九〇年代の加盟国の拡大につながったが、より重要なのは、結束すれば国際社会を動かせるという確信を得たことである。

安全保障分野の活動は、地域フォーラムがそうだが、評価が難しい活動である。地域フォーラムは、いまみた、ASEANが主導してカンボジア問題を解決した翌年の一九九四年七月に、日本、中国、インド、ロシア、EUなど、アジア・太平洋地域の安全保障に関わる国が参加して、紛争を予防する話し合いの場として創られ、タイのバンコクで第一回会議が開催された（現在、北朝鮮や南アジア諸国も加盟）。議長国はASEAN加盟国に限定されており、その目的は、話し合いを通じて、信頼醸成の促進、予防外交メカニズムの構築、紛争解決メカニズムの構築をおこない、紛争の発生を未然に防ぐことにある。

ここには、いまみた、カンボジア問題が発生したことへの教訓と、それを解決した自信がうかがえるが、話し合いの場という性格の地域フォーラム、それに加盟国の全会一致というASEAN方式を、良くも悪くも象徴するのが南沙諸島問題である。

南沙諸島問題

南シナ海に浮かぶ島嶼群の一つ南沙諸島（島礁の数は九六〜二三〇あると言われている）は、中東と日本の石油輸送航海ルートに位置して、石油や天然ガスなどが埋蔵するとみられ、豊かな漁場でもある。この南沙諸島は、フィリピン、ベトナム、マレーシア、ブルネイ、それに中国と台湾が領有権を主張する、アジアの海洋領土紛争の一つである。ここ数年、中国が南沙諸島のスプラトリー島などで、埋め立てによる人工島を造成し、埠頭や滑走路など軍事施設を建設すると、東南アジア諸国は地域の安全保障を損なう行為であると批判し、アメリカも、中国の行動の阻止や牽制のための活動をおこなうなど、世界的に注目を集めている。

南沙諸島における中国の一方的な軍事活動に対して、東南アジアの紛争当事国の不満と批判は強いが、しかし、ＡＳＥＡＮの会議では加盟国の中国に対する姿勢の違いが明らかになり、有効な手立てを採れなかった。

一例を挙げると、二〇一二年の首脳会議で、議長国カンボジアが中国から多額の経済援助を受けていることもあり、中国批判決議に反対したため（カンボジアは南沙諸島の紛争当事国ではない）、意見がまとまらず、統一見解を提示できなかった。これは、二〇一六年にもくりかえされた。中国の南シナ海での領有権主張に対して、フィリピンが二〇一三年に常設仲裁裁判所（オランダのハーグ）に提訴すると、二〇一六年七月に中国の主張を全面的に斥《しりぞ》ける判決が出た。判決後の同年七月二四日にラオスでＡＳＥＡＮ外相会議が開催され、フィリピンやベトナムが判決の尊重を中国に求めることを共同声明に盛り込むべきと主張したのに対し、カンボジアが反対したため共同声明で触れることはなかったのである。ここには、話し合いの場の地域フォーラム、それに、加盟国の全会一致を原則にするＡＳＥＡＮ方式の限界がある。

メコン川流域開発

メコン川流域開発はＡＳＥＡＮプロジェクトの一つである。メコン川は、中国青海省に水源を発し中国南部を経て、ミャンマー、ラオス、タイ、カンボジア、ベトナムと大陸部のすべての国を流れる国際河川で、一九九五年の首脳会議で流域の水資源をＡＳＥＡＮ加盟国が共同開発・管理することになり、翌一九九六年にアジア開発銀行が主導して「ＡＳＥＡＮメコン流域開発協力」が発足した。メコン川流域開発に関して二つを指摘してみたい。

一つは、ＡＳＥＡＮが、加盟国のうち半分の五ヵ国が関わるに過ぎないメコン川流域開発に力を入れるのには理由があるということである。

先発国のインドネシア、マレーシア、シンガポール、フィリピン、タイの五ヵ国は、タイをのぞくと島嶼部に属する国であり、第五章でみたように、一九八〇年代に一定の経済発展を遂げた。

これに対して、一九九〇年代に加盟した大陸部のラオス、カンボジア、ベトナム、ミャンマーの後発国は経済発展が遅れているが、これらの国はいずれもメコン川流域に位置している。さきほどみた、経済共同体の目標の一つとして、ベトナム、ラオス、カンボジア、ミャンマーの後発国に対する支援を掲げたように、メコン川流域開発による、先発国(島嶼部)と後発国(大陸部)の経済格差の縮小は、ASEANにとり重要なのである。

もう一つは、メコン川流域開発の支援に、中国と日本が積極的なことである。二〇〇一年に開催されたASEAN・中国首脳会議で、メコン川流域開発の優先的協力が確認され、二〇〇四年の中国・ASEAN戦略パートナーシップ共同宣言行動計画で、プロジェクトの一つとして、マレー半島から中国の昆明に至る国際鉄道の建設が計画された。現在、東南アジアの国際鉄道はタイのバンコクとシンガポールをつなぐものだけだが、計画は同鉄道をバンコクから北上させて、東北タイとラオスを経由して中国南部の昆明(シンガポール—マレーシア—タイ—ラオス—中国)につなぐものである。

他方、日本もメコン川流域開発協力を対ASEAN重点事業の一つにしており、二〇〇八年にベトナム、ラオス、カンボジア、タイ、ミャンマーが参加して第一回日本・メコン外相会議が開催され、二〇〇九年一二月に東京で開催された第一回日本・メコン首脳会議で、総合的なメコン川流域開発を確認した。

現在、メコン川流域開発をめぐり日本と中国が支援を競い合っているわけだが、これは開発に必要な資金や技術に欠ける東南アジアにとり有利な状況であることはまちがいない。しかし、関係国の思惑もあり計画通りに進展していないのが実情である。一例を挙げると、バンコクと中国・昆明間の鉄道は二〇一五年に開通とされたが、今日に至るも完成していない。さまざまなアイデアが出され、域外国も参加してつぎつぎと計画が策定されるが、なかなか進展しない状態は、これもある意味で、ASEAN方式ということができる。

「アジア共同体」構想と東南アジア

一九八〇年代後半頃から、東南アジアはアジアや世界に向けて積極的な行動を開始した。そこから誕生したのが、諸々の地域機構である。

その一つが、一九八九年に創設されたアジア・太平洋経済協力会議（APEC）である。これは、日本とオーストラリアが主導して、東南アジア、アメリカなど太平洋沿岸諸国が参加して創られた地域機構であり、その目的は、加盟国の貿易自由化と経済開発協力にある。APECの創設に東南アジアが主導的役割を果たしたわけではないが、ASEANが東南アジアの多様な国が加盟する地域機構であることから、アジア・太平洋の広大な地域に広がるさまざまな国が新しい機構を創るさいのモデルになったのである。

アジア欧州会議（ASEM）も、その一つである。これは、一九九六年三月に、かつて東南アジアを植民地にしたヨーロッパ諸国（EU加盟国）と東南アジア諸国、それに東アジア諸国（中国・日本・韓国）が対等の立場で創った、経済や政治を協議する会議であり、第一回首脳会議がタイのバンコクで開催された（二年に一度開催）。ヨーロッパ諸国は経済発展が著しいアジアとの経済緊密化を考えたさいに、地域諸国が結束して行動するASEANに着目し、東南アジアを媒介にして、アジアとヨーロッパが経済協力を協議する会議が誕生したのである（その後、参加国はインドやパキスタンなど南アジアにも拡大した）。

そして、二〇〇〇年代になると「アジア共同体」構想が登場した。この構想は、提唱者や構想により共同体の対象国が違うが、大きく二つに整理できる。一つが、東南アジアと東アジアに限定した東アジア共同体、あるいは、南アジアを加えた、アジア共同体である。もう一つが、アメリカ、オーストラリア、ニュージーランド、太平洋諸国やヨーロッパの国が参加する、アジアと域外諸国からなる共同体である。

共同体の中身についても、さまざまな議論があるが、単純化すると、二つに整理できる。

一つが、EUのように、加盟国が最終的に一つの国になることをめざす国家統合、もう一つが、投資や貿易の自由化など経済分野で協力する経済共同体である。この点に関して、東南アジア諸国の考えはASEAN経済共同体のように、後者にあることは明らかである。

注目されるのは、どの構想にも東南アジアが含まれていることである。一九六七年に東南アジアの五ヵ国が結成したASEANは、一九九〇年代になると、東南アジアのすべての国が加盟する地域機構になった。そして、一九九七年一二月に、東南アジア諸国と日本・中国・韓国のあいだでASEAN+3首脳会議（現在の東アジア首脳会議、EAS）が創られた。その後、東アジア首脳会議の参加国として、二〇〇五年にインド、オーストラリア、ニュージーランド、二〇一一年にはアメリカとロシアが加わり、現在、一八ヵ国に拡大したが、そもそもの出発点はASEANにあったのである。

東南アジアがアジア共同体を創るねらいは、ASEANを創った目的と同様に、アジアの地域安定と経済発展における協調をおこない、東南アジアをさらに発展させることにある。とはいえ、これは東南アジア諸国の思惑でしかなく、具体的な議論は今後に残されているので、現時点でアジア共同体を語ることは「絵に描いた餅」の可能性が強いことを否めない。アジア共同体などによる地域統合が東南アジアに持つ意味については、終章で考えてみたい。

終章　東南アジアとは何か

本書の最後に、これからの東南アジアの行方に影響を与える要素、日本にとり東南アジアはどういった存在なのか、地域統合が東南アジアに持つ意味、東南アジアとＡＳＥＡＮの意味と意義などについて考えてみたい。

1　日本と東南アジア

多様性の原型

これまで、近代以降、東南アジアが歩んできた政治、経済、社会、地域関係をみてきたが、これからの東南アジアの行方に強い影響を与えると思われる動きとして、東南アジアの多様性の原型、イスラーム過激派勢力、東南アジアの英語化、の三つが指摘できる。順にみていきたい。

多様性の原型は、どんなに時代が経過しても、また、東南アジア諸国の協調が深化しても変わることがない、東南アジアの原点とも宿命（所与）とも言えるものである。東南アジアは、今後も、これを前提にして進まなければならないからである。

一例を示そう。第三章でみた、マレーシアのブミプトラ政策は、マレーシアが多民族型社会であるとはいえ（そこでのキーワードは、多様な民族の協調にあり、その具体的形態の一つが、三つの民族政党の連合政府であり、これは権力共有〈パワー・シェアリング〉と呼ばれている）、マレー人が多数派なので、マレーシアの原型（固有性）を護ろうとする方策とみることができる。今後も、マレーシアが原型（固有性）の維持と多様な民族の協調という相対立する要素のバランスをどのように採るのか、きわめて重要である。

これは他の東南アジアの国にも言えることである。タイが、タイの固有性の原理である仏教と、現代国家の原理である民主主義を両立させるために、国王を元首に頂くのが、タイの実情に適した民主主義、すなわち「タイ式民主主義」であるとしているのは、その一例である。

イスラーム過激派の動き

序章でみたように、東南アジアの宗教文化は大きく、仏教圏、イスラーム圏、キリスト教圏からなるが、これまで、一つの宗教が他の宗教に対して排他的な自己主張をすることなく、「共存」してきた。

しかし、一九九〇年代に中東でイスラーム過激派運動が高揚すると、その思想的影響、資金や武器援助を受けて、インドネシアやマレーシアなどでイスラーム過激派の武力活動が活発になった。これは、タイやフィリピンも同様である。

　東南アジアのイスラーム過激派勢力の中心組織は、インドネシアのイスラーム過激派が逃亡先のマレーシアで一九九三年に結成したジェマ・イスラミア（ＪＩ）である。彼らは、インドネシア、マレーシア、ブルネイ、シンガポール、フィリピン南部、タイ南部のイスラーム社会圏を対象にしたイスラーム国家の樹立をめざしている。

　それに向けた行動の一つが、アメリカの二〇〇一年同時多発テロに歩調を合わせておこなった、二〇〇二年一〇月のバリ島での爆弾テロである。二〇二人の犠牲者が出た。また、二〇一六年九月には、もう一つのイスラーム過激派組織で、一九九〇年代からフィリピンのミンダナオ島南部を活動拠点にするアブサヤフが、ミンダナオ島最大都市のダバオで爆弾テロをおこない、一四人の犠牲者がでた。

　冷戦が終わる一九八〇年代まで、東南アジア諸国の主たる治安対象は、共産主義勢力の武力行動だったが、冷戦が終わった一九九〇年代になると、イスラーム過激派の武力テロになったのである。イスラーム過激派勢力が中東の過激派組織に資金面などで依存しているため、その解決は東南アジア諸国政府の当事者能力を超えた側面があることは否めないが、東南アジアの安定にとり、脅威であることはまちがいない。もし、一つの宗教の自己主張が通った場合、「宗教の宝庫」の東南アジアは分解して（例えば、インドネシアはムスリムが八七%だが、キリスト教徒が約一〇%、ヒンドゥー教徒が約一・七%いる)、地域安定も協調も望めなくなるからである。

とはいえ、これらの過激派勢力が、インドネシアやマレーシアの国家権力を奪い、「イスラーム国家」が誕生するとは考えられない。その一因は、東南アジア諸国の「世俗主義」にある。第三章で、近代国家では宗教と政治が分離する「政教分離」が原理になったことをみた。政教分離によって、宗教は、国家原理や政治体制を支える政治思想ではなく、個人の心の領域に属するものとなった。このように、現代国家では特定宗教を掲げる国でも政治と宗教を分離することを原則にしている。これが世俗主義である。

インドネシアとマレーシアはムスリムが多数を占める国だが、両国ともに独立から一貫して政府は世俗主義を原理にしており、これが揺らぐことはない。マレーシアでは、ムスリムのマレー人を支持基盤にする民族政党は、与党の統一マレー人国民組織と野党の汎マレーシア・イスラーム党(PAS)の二つだが、選挙では、世俗主義を掲げる統一マレー人国民組織がつねに圧倒的得票率と議席を得て、より厳格なイスラーム化を唱える(ただし、イスラーム過激派勢力の主張とはちがう)汎マレーシア・イスラーム党は、少数議席を得ているに過ぎない。政府のあいだでもマレー人国民のあいだでも世俗主義が浸透しているのである。

東南アジアの「英語化」

現在、東南アジア諸国は、各国固有の民族文化を軸にした国創りを進めているが、同時に、グローバル化が進展するなかで、東南アジア諸国の人びとの眼は、現代世界文明の先端を行く欧米諸国にも向いている（第五章でみた、フィリピン人のあいだでアメリカ移民が多いのは、その一例）。欧米諸国との対話言語は、言うまでもなく英語であり、これからの東南アジアを担うエリートのあいだでは英語が共通語だし、フィリピンとシンガポールは英語が実質的な国語（学校の授業言語）になっている。

また、英語での大学教育を望む東南アジア諸国の人びとを対象に、シンガポールは、オーストラリアのジェームズクック大学分校など、マレーシアも、オーストラリアのモナッシュ大学分校、イギリスのニューカッスル大学医学部分校などを開校して、英語化の動きに対応している。

他方では、東南アジアの地域秩序を確保・維持するうえで、現在、重要な役割を果たしているのが、アメリカの軍事力とプレゼンスであり（一例を挙げると、南沙諸島における中国の軍事行動の抑止）、これは今後も変わらないと思われる。

これからの東南アジアの行方を考えるさいは、植民地時代とは違う意味で、東南アジア諸国と欧米諸国との関係がどのようなものになるのか、見極めることが重要なのである。

東南アジアと中国

とはいえ、第五章でみたように、現在、東南アジアともっとも緊密な関係にある国は中国である。

両者の交流は歴史の早い段階にはじまり、近代には、多くの中国人が東南アジア諸国に出稼ぎ労働者として流入し、東南アジア諸国の独立後は、大半が国籍を取得して定着した。一九四九年に中国が社会主義国になると、東南アジアに共産主義を輸出しようとしたので、冷たい関係になったが、一九七八年に中国が改革・開放政策により資本主義型開発に転換すると、急接近した。東南アジア諸国の華人企業が積極的な中国投資をおこない、中国も東南アジア諸国への援助や投資を大幅に増やしたことは、その一例である。

今後の中国のアジア戦略において、地理的につながり、華人も多い東南アジア、とりわけ大陸部の国がもっとも重要な地域であること、他方では、東南アジアにとってもさらなる経済発展のために中国との関係が重要であることはまちがいないと思われる。

ただ、そのさい、つぎのことに留意する必要がある。国により比率は違うが、東南アジア諸国には多くの中国系国民の華人がいることをみた。華人は、植民地時代だけでなく、東南アジア諸国が独立した当初も、自分は中国人であるという意識が強かったが、現在は世代交代が進み、移民第一世代はほとんどいなくなり、二世や三世が大半を占めるようになった。彼らの帰属意識を、あえて言えば、民族的には中国人でも、自分は東南アジア人ということになる。

このことを説明するには、国民の大半を華人が占めるシンガポールの例が適切であろう。シンガポールが独立すると政権を担ったのが、イギリスに留学した英語教育エリートの一群だったことはすでに紹介した。水や食糧など生活資源を自給できないシンガポールが生存するには、それを依存せざるをえない隣国のマレーシアとインドネシアに東南アジアの一員であると認めてもらう必要があったことから、シンガポールは非中国的な国創りを選択した（また、両国ともに反中国意識が強かった）。

シンガポールがまだ経済発展しておらず、政府の政治基盤も確立されていなかった一九六〇〜七〇年代は、政府は華人国民が中国（と共産主義思想）に政治的に惹かれることを懸念して中国旅行を厳しく制限した。しかし、シンガポールが経済発展して政府の政治基盤も堅固になった一九八〇〜九〇年代になると、一転して、華人国民の中国旅行を奨励するようになった。華人国民が中国旅行をしても、もはや中国に魅せられることはないとの確信を持ったからである。

実際に、中国旅行した華人国民のあいだでは、中国の生活レベルは耐えられない（この時、中国はまだ経済発展していなかった）、親戚からさまざまなお土産を強請《ゆす》られたという不満が多く聞かれた。中国は親や祖先の国かもしれないが、自分の国ではないという意識を華人国民は抱いたのである。

中国が経済発展して豊かになった現在は、シンガポール国民のあいだで専門技能を持った外国人労働者の流入に反発する意識が強いことをみたが、その外国人には中国人も含まれているのである。

この例が語るように、華人の土着化が起こり、中国を「外国」（アジアの有力な大国）とみるようになっているのである。そのため、中国と東南アジアの経済緊密化が進んだとしても、それが、民族的、政治的結合につながるとは考えにくく、東南アジアの自立性が維持されることはまちがいないと思われる。

日本にとっての東南アジア

それでは、日本にとって東南アジアはどのような意義を持った地域なのだろうか。アジアには東アジア、東南アジア、南アジアの三つの地域があるなかで、歴史的にみると、東アジアが地理的に近いこともあり、日本がアジアとは東アジアのことであると考えていた時期が長いこと続いた。日本と東南アジアの本格的交流がはじまったのは、第二章でみたように、室町時代末期から徳川時代初期の朱印船貿易、それに日本人町の誕生であり、明治維新以降、日本は東南アジアに経済進出し、一九四〇年代には軍事進出して占領したが、第二次世界大戦後は、政治・軍事関係は弱くなった。現在、日本と東南アジアは経済交流が中心になっているなかで、東南アジアが日本に持つ意義はつぎの点にある。

日本は経済的生存のために、外国、とりわけ地理的に近いアジアとの貿易や投資が不可欠である。第五章でみたように、日本の援助や直接投資は、アジアのなかでは東南アジアがもっとも多い。東アジアは日本に地理的に近く、歴史的交流も深いが、冷戦の後遺症として、現在も朝鮮半島の分断国家（韓国と北朝鮮）と中国の分断国家（中華人民共和国と中華民国）が続いていることが、東アジアの国との交流の阻害要因になっている。何よりも、東アジア（朝鮮半島と中国）が、二〇世紀前半における日本のアジア侵略の主たる対象地域だったので、今でも日本の植民地支配や侵略に対して厳しい批判がある。そして、南アジアは、地理的に日本から遠いだけでなく、ヒンドゥー教の国、厳格なイスラームの国が多く、日本との宗教社会的な違いが大きい。

この二つの地域にくらべると、東南アジアにはつぎのような利点がある。日本は経済発展のためにアジアの資源を必要とするといったが、冷戦時代には、東南アジアは日本と同じ自由主義国が多かったので、日本の政府開発援助や投資や貿易など、東南アジアの自由主義国（インドネシア、タイ、シンガポール、マレーシア、フィリピン）と活発な経済交流がおこなわれ、冷戦終焉後も、ベトナムやミャンマーなど、経済開発のために日本に援助や投資を期待した国が多い。そのさい、第二次世界大戦で日本が東南アジアを占領して過酷な支配をしたとはいえ、韓国や中国ほどには日本批判が厳しくなかったので、経済交流の阻害要因になることはなかったのである。

要するに、アジアの三つの地域のなかで東南アジアは、日本が交流するうえで政治社会的、経済的条件に恵まれた地域であり、これは今後も変わらないと思われる。

2　東南アジアの進む道

地域統合と東南アジア

東南アジア史研究者の永積昭《ながづみあきら》は、一九七七年に刊行した『東南アジアの歴史』（講談社現代新書）のなかで、「ヨーロッパ共同体のような形で、東南アジア共同体を想像するのは夢物語かも知れない」と述べている（二九頁）。同書が書かれた一九七七年は、ＡＳＥＡＮの第二段階がはじまったばかりであり、前年に、初の首脳会議が開催されたとはいえ、ASEANの行方がどうなるかわからない状態にあったので、永積が東南アジア共同体は夢物語であると考えたとしても無理ないことだった。しかし、約四〇年後には、地域統合を謳った経済共同体が創られたのである。東南アジアは経済が発展しただけでなく、ASEANもさまざまな問題を抱えながらも「発展」したのである。

東南アジアが地域統合の道を歩みつつあるなかで、東南アジアにとって地域統合が持つ意味は何だろうか。

地域統合の理論はいくつかあるが、ここでは単純化して、地域統合は、第一段階＝経済協力（投資や貿易の自由化）、第二段階＝経済統合（人の移動の自由、単一通貨）、第三段階＝政治統合（議会や大統領）、第四段階＝国家統合（単一国家）、の四つの段階を経て実現するものとしておく。

現在、世界各地でさまざまな地域機構があるなかで、この四段階に照らし合わせてみると、地域統合がもっとも進んでいるのがEUであり、第一段階の経済協力、第二段階の経済統合を経て、現在、第三段階の政治統合の中途にある。第三段階にまで至ったことは、二〇一六年のイギリスのEU離脱決定のように、今後いくつかの曲折はあるだろうが、最終段階である第四段階の国家統合を視野に入れていることはまちがいないと思われる。

東南アジアはどうか。ＡＳＥＡＮ自由貿易地域やＡＳＥＡＮ経済共同体など、経済分野で統合に向けた動きがおこなわれているものの、まだ第一段階の投資や貿易の自由化に止まっているのが現状である。この点からすると、ヨーロッパは地域諸国のあいだで協調意識が高いが、東南アジアは協調意識が希薄なことになる。しかし、東南アジアの地域統合の現状をこのように理解するのは適切ではない。その理由は、東南アジアが「多様性の中の統一」を原点にする地域であるということに関わっており、二つが指摘できる。

一つは、しばしば指摘されている、ヨーロッパと東南アジアでは社会の基本的性格が違うことである。ヨーロッパは、地域諸国が民族や言語の違いがあるものの、キリスト教（カトリック、プロテスタント、ロシア正教の違いはあるが）という宗教文化の共通性を持っている。これまでの歴史においても、ローマ帝国時代にはじまった侵略や征服、貿易や人の移動（移民）などを通じて、ヨーロッパ全域が深く交流してきた。現在の経済水準もほぼ同じ国が多く、社会の同質性も高い。何よりも、二〇世紀前半のヨーロッパのほぼすべての国を巻き込んだ二度の世界大戦を経験して、地域諸国が対立・抗争することの無意味さを学んだ。このような地域では政治統合や国家統合は、簡単ではないとはいえ、不可能ではないし、地域の安定につながることになる。

これに対して、東南アジアは、本書でみてきたように、民族や言語や宗教が違うだけでなく、政治社会構造や経済発展段階もかなり違っている。また、ヨーロッパとちがい、これまで東南アジア全域に広がった政治圏や社会文化圏を経験したこともない。このような地域の政治統合や国家統合は、たとえ不可能ではないにしても、相当の時間と労力を必要とすることは否定できない。

もう一つは、東南アジアの多様性そのものに関わるものである。東南アジア諸国のＡＳＥＡＮを通じた地域協調は、加盟国の多様性を認めたうえで統一（協調）を追求するものであること、換言すると、東南アジア諸国が、それぞれの固有性（多様性）を捨てて、同質化と一体化をめざすのではなく、それを前提にしたうえでの協調であることをみた。この立場に立つと、加盟国が自国の歴史文化の固有性を捨てなければ、すなわち、それを護り維持する手段でもある国家主権の一部、あるいは全部を放棄しなければ実現しない統合は、東南アジア諸国が追求すべき価値と言えるものではない。

この点からすると、東南アジアにとり望ましい地域統合は、第三段階の政治統合や、第四段階の国家統合ではなく、第一段階と第二段階の経済分野や社会分野に限定した統合ということになる。東南アジアの地域統合がヨーロッパと異なるかたちになっているのは、東南アジア諸国の協調意識が希薄だからではなく、地域諸国が多様だという基本構造

(原型)に見合ったものとみるべきなのである。

自称としてのASEAN

現在、東南アジアの一一ヵ国を呼ぶ呼称として、東南アジアとASEANが使われており、二つは同義語に近いものになっている。「東南アジア」を使う場合は、地理的な意味、「ASEAN」を使う場合は、地域諸国が協調した政治や経済などの活動を指すことが多いことも事実である。

「はじめに」で、東南アジアの呼称が、地域諸国の歴史文化などの特徴を反映したものではなく、地理的に、東アジア(中国)と南アジア(インド)の中間に位置する、何の共通性も持たないバラバラな国からなる地域を呼んだものに過ぎないことをみたが、このようななかで、ASEANの意義は、東南アジア諸国が自ら創った組織、換言すれば、東南アジアのように「他称」ではなく「自称」なことにある。これが重要なのは、東南アジアがASEANを通じて、アジアや世界を自らの望む方向に動かそうとしていること、そのための懸命な働きかけをしていることにある。

とはいえ、今後は東南アジア諸国を指す場合、もっぱらASEANが使われて、東南アジアが歴史や地理の教科書以外では使われることがない「死語」になるわけではない。極論すると、ASEANは加盟国が解散を決議すれば消滅するが、東南アジアは、地球の大変動が起こらないかぎり消滅することはないからである。

東南アジア諸国が、アジアや世界のなかで生き残り発展するために、ASEANを軸に働きかけをおこなっているなかで、くりかえしになるが、大前提がある。地域諸国が多様であることを認め、各国の固有性を維持しながら、結束することである。言ってみれば、東南アジアが多様性、ASEANが統一（協調）のシンボルなのである。二つは、ASEANが東南アジアにとっての「手段」という関係にあるが、手段としてのASEANは、さまざまな問題を抱えているとはいえ、これまで有効だったし、今後も変わらないと思われる。

高齢化、公害、麻薬——東南アジアの課題

東南アジア諸国はASEANを手段にしながら、これからの道を進もうとしているなかで、さまざまな問題を抱えていることも事実である。そのいくつかは各章でみたが、経済発展して都市部を中心に豊かな社会になったことから、先進国が抱える少子・高齢化問題にも直面するようになった。高齢化率（国民のなかで六五歳以上が占める比率）は、アジア全体では二〇一六年に七・八％だが、二〇三〇年には一一・八％になると予測されている

（日本は、それぞれ二六・九％と三〇・四％）。国民のあいだで労働力人口の占める比率が高い状態が「人口ボーナス」と呼ばれており、タイは、二〇一六年の高齢化率が一〇・九％でアジアの平均を上回っているものの、比較的に若い労働力人口が経済発展を支えてきた。しかし、二〇三〇年には高齢化率が一九・五％に上昇すると予測されているので、タイは人口ボーナスを失って高齢化社会に突入することになり、経済発展が減速することを避けられない（ベトナムも、二〇一六年の六・九％から二〇三〇年には一二・四％になると予測されている）。

さらには、経済開発最優先の反動として、都市部を中心に発生している深刻な公害問題や環境問題もその一つである。東南アジア諸国が、これらの「先進国」問題への対応に苦慮することはまちがいないが、他方では、農村部の低開発や貧困など「発展途上国」問題にも直面しているのが実情なのである。

また、東南アジアでも麻薬など社会犯罪が大きな問題になっている。フィリピンでは、二〇一六年六月末に就任したドゥテルテ大統領が、就任してから同年八月末までのあいだに約二〇〇〇人の麻薬容疑者を「超法規的手段」によって殺害したことが国際社会から批判されている。これは、ダバオ市長時代に成果を挙げ、多くの市民から歓迎された治安回復のための強権手法を国政に適用したものであり、タイでもタクシン首相時代、インドネシアでもスハルト大統領時代に同様の手段で、麻薬などの犯罪者を殺害することが起こっている。社会秩序の確保と人権のバランスをどうするか、これも東南アジアがこれから直面しなければならない課題の一つである。

東南アジア域内でも、タイとカンボジアのあいだで二〇〇八年と二〇一一年に、土着国家時代の九世紀に建てられたプレア・ビヒア寺院の帰属をめぐって軍事衝突が発生しているし、ミャンマーでは二〇一五年五月に、西部ラカイン州に住むムスリムの少数民族ロヒャンギ人が仏教徒に迫害されて、小舟に乗ってタイ経由でマレーシアに難民として逃れる途中で多数の死者がでた。この二つの事件が語るように、土着国家時代からの古くて新しい問題も起きているのである。

対外関係においても、現在、中国との関係が緊密だが、日本にとって東南アジアが、東南アジアにとっても日本が重要な国であることはまちがいないので、今後、日本との関係がどうなるのかも注目されるところである。

このように、東南アジアはさまざまな国内、地域内、対外関係の問題に直面しており、「内」では、それへの対応に苦慮しながらも、「外」に対しては、ASEANを手段にアジアや世界と向き合おうとしているのである。これから東南アジアが進む道は、これまでと同様に、行く先が保証された平坦なものではなく、不透明な道であることはまちがいないが、険しい道をどのようにバランスを上手く取りながら着実に進んで行くのか、これからの東南アジアからも目を離すことができない。

東南アジアを学ぶということ

本書は、ヨーロッパの植民地となった以降の時期を対象に東南アジアの近現代史をみてきたが、東南アジアを学ぶことにどのような意味があるのだろうか。二つが指摘できる。

一つは、世界の国々の政治や経済や社会が多様な有り様がわかることである。一例を挙げると、現在、世界の政治は民主主義がグローバル・スタンダードになっており、第四章でみたように、東南アジア諸国も民主主義体制の創出と安定化に苦闘している。しかし、民主主義と言ってもそれは、世界のすべての国で同じ内容のものとして理解されているのではなく、「タイ式民主主義」が語るように、東南アジア諸国は自国の歴史文化と整合する民主主義を唱えている。東南アジアをみると、民主主義の中味や有り様が国によって「多様」であることがわかるのである。

もう一つは、世界の中規模国や小国の「こころ」がわかることである。現在、アジアを動かしている大国が中国、インド、日本であること、そして、世界を動かしている大国がアメリカやロシア、フランスやイギリスやドイツなどヨーロッパの国であることに異論はないと思われる。しかし、世界にはこれらの大国だけでなく、本書でみた東南アジアをはじめとして、南太平洋地域、旧東欧地域、旧ユーゴスラビア地域、中南米のカリブ海地域、中東の湾岸地域、アフリカの西海岸地域など、中規模国や小国が集まった地域が少なくない。国の数でいえば、大国よりも、中規模国や小国のほうがはるかに多い。東南アジアもその一つの地域であることから、東南アジアをみることは、中規模国や小国が世界をどのようにみているのか、自国がどのようになりたいと考えているのか、その「こころ」を知るよい手掛かりを与えてくれるのである。

参考文献

［事典・史料］
京都大学東南アジア研究センター編『事典東南アジア――風土・生態・環境』弘文堂、一九九七年
『新版　東南アジアを知る事典』平凡社、二〇〇八年
マディソン、アンガス（金森久雄監訳）『経済統計で見る世界経済2000年史』柏書房、二〇〇四年
歴史学研究会編『世界史史料』（全一二巻）岩波書店、二〇〇六〜二〇一三年

［一般書］
池端雪浦編『東南アジア史Ⅱ　島嶼部』山川出版社、一九九九年
石井米雄・桜井由躬雄編『東南アジア史Ⅰ　大陸部』山川出版社、一九九九年
岩崎育夫『アジア政治とは何か』中公叢書、二〇〇九年
岩崎育夫『アジアの国家史』岩波現代全書、二〇一四年
岩崎育夫編『開発と政治――ASEAN諸国の開発体制』アジア経済研究所、一九九四年
岩崎育夫『物語　シンガポールの歴史』中公新書、二〇一三年
岩崎育夫『リー・クアンユー――西洋とアジアのはざまで』岩波書店、一九九六年
『岩波講座　東南アジア史』（全九巻）岩波書店、二〇〇一〜二〇〇二年
『岩波講座　東アジア近現代通史』（全一〇巻）岩波書店、二〇一〇〜二〇一一年
梅棹忠夫『文明の生態史観』中央公論社、一九六七年
柿崎一郎『物語　タイの歴史』中公新書、二〇〇七年

片山裕・大西裕編『アジアの政治経済・入門』（新版）有斐閣、二〇一〇年
河森正人『タイ――変容する民主主義のかたち』アジア経済研究所、一九九七年
木村宏恒・近藤久洋・金丸裕志編『開発政治学入門――途上国開発戦略におけるガバナンス』勁草書房、二〇一一年
桐山昇・栗原浩英・根本敬『東南アジアの歴史――人・物・文化の交流史』有斐閣アルマ、二〇〇三年
黒柳米司・金子芳樹・吉野文雄編著『ASEANを知るための50章』明石書店、二〇一五年
『講座東南アジア学』（全一一巻）弘文堂、一九九〇～一九九二年
佐藤百合『経済大国インドネシア――21世紀の成長条件』中公新書、二〇一一年
清水一史・田村慶子・横山豪志編著『東南アジア現代政治入門』ミネルヴァ書房、二〇一一年
白石隆『海の帝国――アジアをどう考えるか』中公新書、二〇〇〇年
白石隆『スカルノとスハルト――偉大なるインドネシアをめざして』岩波書店、一九九七年
末廣昭『キャッチアップ型工業化論――アジア経済の軌跡と展望』名古屋大学出版会、二〇〇〇年
末廣昭『タイ――開発と民主主義』岩波新書、一九九三年
須藤季夫『東南アジア国際関係の構図――理論地域学をめざして』勁草書房、一九九六年
東京外国語大学アジア・アフリカ言語文化研究所編『図説　アジア文字入門』河出書房新社、二〇〇五年
トラン・ヴァン・トゥ編著『ASEAN新経済時代と日本――各国経済と地域の新展開』文眞堂、二〇一六年
永積昭『東南アジアの歴史』講談社現代新書、一九七七年
根本敬『物語　ビルマの歴史』中公新書、二〇一四年
萩原宜之『ラーマンとマハティール――ブミプトラの挑戦』岩波書店、一九九六年
弘末雅士『東南アジアの港市世界――地域社会の形成と世界秩序』岩波書店、二〇〇四年
古田元夫『ベトナムの世界史――中華世界から東南アジア世界へ』（増補新書版）東京大学出版会、二〇一五年
古田元夫『ホー・チ・ミン――民族解放とドイモイ』岩波書店、一九九六年

松岡完『ベトナム戦争──誤算と誤解の戦場』中公新書、二〇〇一年
村嶋英治『ピブーン──独立タイ王国の立憲革命』岩波書店、一九九六年
山影進『ASEANパワー』東京大学出版会、一九九七年
山影進編『新しいASEAN──地域共同体とアジアの中心性を目指して』アジア経済研究所、二〇一一年
山本吉宣・羽場久美子・押村高編著『国際政治から考える東アジア共同体』ミネルヴァ書房、二〇一二年
吉川利治編著『近現代史のなかの日本と東南アジア』東京書籍、一九九二年

あとがき

筆者のアジア研究はシンガポールからはじまり、その後、関心が東南アジアやアジアにも広がったものである。前の職場のアジア経済研究所で一九九〇年代に、先輩や同僚研究者と一緒に、東南アジア諸国やアジア諸国の政党政治、開発体制、官僚制、民主主義、市民社会、華人企業、ガバナンスなどをテーマにした研究会に参加する機会があり、東南アジアについて勉強するよい機会となった。その後も、ひきつづき自分なりに勉強したが、政治が中心だったし、断片的知識を得たにとどまり、東南アジアについて一つの全体的イメージを持つには至らなかった。そのため、一年ほど前に、講談社現代新書の所澤淳さんから、東南アジア近現代史を書いてみませんかと言われた時は、どのような視点から書いたらよいのかわからず、しばし躊躇《ちゅうちょ》した。しかし、すぐに、アジア研究において自分のモットーにしている「挑戦」の言葉を思い起こし、非力を顧みることなく引き受けることにした。

執筆では、アジア経済研究所時代の共同研究の成果、それに、一九九九年からの新しい職場、拓殖大学の国際学部や大学院で担当した授業の一つ、東南アジア講義のために作成したレジュメを基礎にし、地域機構ＡＳＥＡＮや東南アジアの最新の動きなどを調べて、何とか書き上げた。これまで刊行した本と同様に、東南アジア近現代史を書くことができたのは、日本や世界における優れた東南アジア研究の成果によるところが大きい。本書の執筆にさいして参照した研究文献は巻末に掲載したが、紙片の都合で掲載できなかった文献はそれよりもはるかに多い。

執筆をはじめてまもなく、「多様性の中の統一」という概念が浮かんできたが、これが筆者の現代東南アジアのイメージである。東南アジアが歴史文化、民族、宗教、政治や経済などの点できわめて多様な地域であることは、頭の中で理解していたつもりだったが、あらためて、東南アジアが多様な国からなる地域であることを再認識した。と同時に、このようなバラバラな地域諸国がまとまるために、地域機構ＡＳＥＡＮを創ったこと、そして、しばしば機能不全に陥りながらも、それを大切にしていることの意味を理解できたような気がした。本書が入門書であることから、一つ一つの出来事の細かい叙述よりも、東南アジアがどのような特徴や課題を持った地域なのか、読者が一つのイメージを持てるように努めた。とはいえ、「多様性の中の統一」が現代東南アジア像として適切かどうか、本書が東南アジアの入門書として有用かどうかは、読者の忌憚のない判断にゆだねるしかない。

本文でも触れたように、二〇一六年に、フィリピンで大胆な国家運営を試みるドゥテルテ大統領が登場し、タイではプミポン国王が死去する出来事が起こった。この二つは、これまでの東南アジアやアジアの姿やあり方を大きく変える可能性を持っていると思われるので、書き終えた今は、今後、東南アジアの政治や経済や社会や国際関係がどうなるのか気になっている。

最後になったが、所澤淳さんには本書の構成、各章のキーワード、具体的叙述など、ほぼすべてに及んで適切なアドバイスを頂いた。入門書を書きなれていない筆者にとり、読者の視点からする所澤さんのアドバイスは貴重だったし、このうえない勉強の機会ともなった。本書が読みやすいとしたら、所澤さんのお陰である。とはいえ、内容についての責任は筆者にあることは、言うまでもないことだが。

岩崎育夫

二〇一六年一二月

講談社現代新書　2410

入門《にゅうもん》　東南《とうなん》アジア近現代史《きんげんだいし》

二〇一七年一月二〇日　第一刷発行

著　者　岩崎育夫《いわさきいくお》　

発行者　鈴木　哲

発行所　株式会社講談社
東京都文京区音羽二丁目一二―二一　郵便番号一一二―八〇〇一
電　話　〇三―五三九五―三五二一　編集（現代新書）
〇三―五三九五―四四一五　販売
〇三―五三九五―三六一五　業務

装幀者　中島英樹

印刷所　慶昌堂印刷株式会社

製本所　株式会社大進堂

定価はカバーに表示してあります　Printed in Japan

N.D.C.223　279p　18cm
ISBN978-4-06-288410-5

「講談社現代新書」の刊行にあたって

教養は万人が身をもって養い創造すべきものであって、一部の専門家の占有物として、ただ一方的に人々の手もとに配布され伝達されうるものではありません。

しかし、不幸にしてわが国の現状では、教養の重要な養いとなるべき書物は、ほとんど講壇からの天下りや単なる解説に終始し、知識技術を真剣に希求する青少年・学生・一般民衆の根本的な疑問や興味は、けっして十分に答えられ、解きほぐされ、手引きされることがありません。万人の内奥から発した真正の教養への芽ばえが、こうして放置され、むなしく滅びさる運命にゆだねられているのです。

このことは、中・高校だけで教育をおわる人々の成長をはばんでいるだけでなく、大学に進んだり、インテリと目されたりする人々の精神力の健康さえもむしばみ、わが国の文化の実質をまことに脆弱なものにしています。単なる博識以上の根強い思索力・判断力、および確かな技術にささえられた教養を必要とする日本の将来にとって、これは真剣に憂慮されなければならない事態であるといわなければなりません。

わたしたちの「講談社現代新書」は、この事態の克服を意図して計画されたものです。これによってわたしたちは、講壇からの天下りでもなく、単なる解説書でもない、もっぱら万人の魂に生ずる初発的かつ根本的な問題をとらえ、掘り起こし、手引きし、しかも最新の知識への展望を万人に確立させる書物を、新しく世の中に送り出したいと念願しています。

わたしたちは、創業以来民衆を対象とする啓蒙の仕事に専心してきた講談社にとって、これこそもっともふさわしい課題であり、伝統ある出版社としての義務でもあると考えているのです。

一九六四年四月　野間省一

宗教

Ⓒ

政治・社会

1145 冤罪はこうして作られる　小田中聰樹
1201 情報操作のトリック　川上和久
1488 日本の公安警察——青木理
1540 戦争を記憶する——藤原帰一
1742 教育と国家——高橋哲哉
1965 創価学会の研究——玉野和志
1969 若者のための政治マニュアル——山口二郎
1977 天皇陛下の全仕事——山本雅人
1978 思考停止社会——郷原信郎
1985 日米同盟の正体——孫崎享
2053 〈中東〉の考え方——酒井啓子
2059 消費税のカラクリ——斎藤貴男

2068 財政危機と社会保障——鈴木亘
2073 リスクに背を向ける日本人　山岸俊男　メアリー・C・ブリントン
2079 認知症と長寿社会——信濃毎日新聞取材班
2110 原発報道とメディア——武田徹
2112 原発社会からの離脱　宮台真司　飯田哲也
2115 国力とは何か——中野剛志
2117 未曾有と想定外——畑村洋太郎
2123 中国社会の見えない掟　加藤隆則
2130 ケインズとハイエク　松原隆一郎
2135 弱者の居場所がない社会　阿部彩
2138 超高齢社会の基礎知識　鈴木隆雄
2149 不愉快な現実——孫崎享
2152 鉄道と国家——小牟田哲彦

2176 JAL再建の真実——町田徹
2181 日本を滅ぼす消費税増税——菊池英博
2183 死刑と正義——森炎
2186 民法はおもしろい——池田真朗
2197 「反日」中国の真実——加藤隆則
2203 ビッグデータの覇者たち——海部美知
2232 やさしさをまとった殲滅の時代　堀井憲一郎
2246 愛と暴力の戦後とその後——赤坂真理
2247 国際メディア情報戦——高木徹
2276 ジャーナリズムの現場から　大鹿靖明 編著
2294 安倍官邸の正体——田﨑史郎
2295 福島第一原発事故7つの謎　NHKスペシャル『メルトダウン』取材班
2297 ニッポンの裁判——瀬木比呂志

経済・ビジネス

世界の言語・文化・地理

958 英語の歴史――中尾俊夫
987 はじめての中国語――相原茂
1025 J・S・バッハ――礒山雅
1073 はじめてのドイツ語　福本義憲
1111 ヴェネツィア――陣内秀信
1183 はじめてのスペイン語　東谷穎人
1353 はじめてのラテン語　大西英文
1396 はじめてのイタリア語　郡史郎
1446 南イタリアへ!――陣内秀信
1701 はじめての言語学　黒田龍之助
1753 中国語はおもしろい　新井一二三
1949 見えないアメリカ――渡辺将人

1959 世界の言語入門――黒田龍之助
2052 なぜフランスでは子どもが増えるのか　中島さおり
2081 はじめてのポルトガル語　浜岡究
2086 英語と日本語のあいだ　菅原克也
2104 国際共通語としての英語　鳥飼玖美子
2107 野生哲学――管啓次郎 小池桂一
2108 現代中国「解体」新書――梁過
2158 一生モノの英文法――澤井康佑
2227 アメリカ・メディア・ウォーズ――大治朋子
2228 フランス文学と愛――野崎歓

F

世界史Ⅰ

世界史Ⅱ

930 フリーメイソン──吉村正和
959 東インド会社──浅田實
971 文化大革命──矢吹晋
1019 動物裁判──池上俊一
1076 デパートを発明した夫婦 鹿島茂
1085 アラブとイスラエル 高橋和夫
1099 「民族」で読むアメリカ 野村達朗
1231 キング牧師とマルコムX 上坂昇
1746 中国の大盗賊・完全版──高島俊男
1761 中国文明の歴史──岡田英弘
1769 まんが パレスチナ問題 山井教雄
1811 歴史を学ぶということ 入江昭
1932 都市計画の世界史──日端康雄
1966 〈満洲〉の歴史──小林英夫
2018 古代中国の虚像と実像 落合淳思
2025 まんが 現代史──山井教雄
2120 居酒屋の世界史──下田淳
2182 おどろきの中国 橋爪大三郎 大澤真幸 宮台真司
2257 歴史家が見る現代世界 入江昭
2301 高層建築物の世界史 大澤昭彦